ビッチの触《さわ》り方

湯山玲子

ビッチの触《さわ》り方

湯山玲子

飛鳥新社

はじめに

「レディーファースト」の語源を知るとちょっとあっけにとられます。戦乱の世に騎士たちが女性たちを先に行かせ、敵に襲われなければ自分たちも先に進むというのがその意味だそう。もしくはストレートに「毒見」役。女が食べても苦しんだりする様子がなければ、男の自分も食べる。それが、平和な世の中になれば「一家の主《あるじ》より先に口をつけてはならん！」とくるわけですから勝手なものです。「レディーファースト」というのは男のリスクヘッジ。「お先にどうぞ」とは、けっして女性を尊重する風習のことではなかったのです。

400年前の話はさておき、女性たちの生き方はそうこうしているうちに大きく変化してきました。アメリカで初めてズボンを履いた女性は街中の人から石をぶつけられたそうですが、いまでは選挙権も獲得し、宇宙まで行ってしまう女の人も現れました。連続殺人の分野ではまだ男の方が優勢ですが、トラックの運転手や映画監督には確実に女の人が増えています。道でぶつかっても謝らないのはオヤジの特技ではなくなり、スーパーのレジは若い男たちに奪い取られつつあるものの、ホステスの数はまだホストよりも多いはず。軍隊や政治家には男が多すぎますが、大臣には必ずひとりは女性が入るようになりました。菅直人が国会で「セックスフレンド」と失言をすれば、フランスでは女性の経済相が記者会見で「フェラチオ」と言ってしまったり（「財政」と発音が似ていたせいです）、「だから男は」とかその逆の言いようは旗色が悪くなっています。

そういった社会的変化と足並みを揃えて、水面下で大変化してきたものが「セックス」です。そしてそれは近年、様々な場面で、大いに表面化。女性が感じる快感は男性の七倍になるそうですが、そんなイイことを、いやそんなイイことだからこそ、社会は何らかの制裁を科してきた。そう、女性が性欲を感じてはいけなかった時代、そんなものが、つい50年前にも残っていたのです。50年どころの話ではなく、アフリカではまだクリトリスの切除などということが行われています。固有の伝統文化のことを、西欧型近代民主主義的な価値基準で判断するのは間違ってる！　という意見もありますが、私がその当事者ならば、まっぴらゴメンですね。まあ、暗黒大陸のことはアンジェリーナ・ジョリーさんに任せるとして、私たちは文明世界日本における女性の性欲について深遠なる考察の旅に戻りましょう。

女もセックスがしたい……。床上手な男と寝てみたい。聞いたこともないような、いいセックスがしたい。深遠なる考察の結果はそれだけです。そして、セックスというものは、いくら当人が本やAVで見知ったとしても、実際に寝てみなければわからない。数学者は、人間では不可知な第14次元についてイメージを持ち、知ることができるようですが、それとはワケがちがう。そして、セックスがまことにおもしろいのは、そこに恋愛やロマンス、そして、自己実現などが絡んでくるからです。プラス、相手やコンディションによって予測不能なことがたびたびおこり、その快楽たるや身体だけではなく精神をもしびれさせるパワーを持っているのでタチが悪い。

詳しくは本文に譲りますが、性欲が旺盛で、それを実践してはばからない女性たちを、「ビッチ」というキーワードをもとに、ポジティブなものに言い換えていく提案が本書の中心課題だと言っても過言ではありません。でも、そのことを理解している女性たちは実はもうたくさんいるのではないでしょうか。むしろ、それに思いっきり腰が引けており、「そんなの一部の女性だけでしょう」と無視しようとするのは男性の方（フフフ、敵は本当の姿を容易には現さないのですよ！）。

『ラスト・サムライ』を撮ったエドワード・ズウィックに、バイアグラを扱った『ラブ&

ドラッグ』という作品があります。この映画の良さを尋ねられた主演のジェイク・ギレンホールは、一見、センセーショナルに見えるこの作品が内包していた古典的なラブストーリーの部分に惹かれたと語っています。一方、相手役のアン・ハサウェイは、初めて会った若い男女がその日のうちにセックスをしてしまうという筋書きにリアリティを感じて出演を決めたと語っています。この、〝男ロマン〟vs〝女リアル〟の発言の差は、興味深い。女と男の伝統的な性愛をまだまだ信じたい男と、「ビッチ上等」とばかりに新たな道を行く女たち。セックスを挟んで男と女の立ち位置が過去のものとは少しばかりズレてきた時に、「ビッチ」という言葉が肥大し始めました。そしてご存知のとおり「ビッチ」は外来語。「概念」を「コンセプト」と言った瞬間にそれがカッコよく、カジュアルになるのと同様、この言葉の流通には、これまでの「そういった女たち」に貼り付いていた罪悪感や重いイメージをチャラにする勢いがあります。

しかしながら、ビッチの一方で、若い世代では、セックス離れの傾向もあり、処女率も上昇とかで、今やセックス方面は両極を指し示しています。

セックスの明日はどっちだ！

神が人間に与えたとてつもない命題の一端を、これから一緒に考えていきましょう。

もくじ

3 ビッチ座談会 199

1 ビッチって何？

①ビッチとはどんな女性なのか？

「アイツ、ビッチだよね」

ビッチと聞いて、どんなイメージが思い浮かぶでしょう。

ビッチは直訳するとメス犬。発情期のメス犬がオスとつがう時のあられもない状態から、「セックスアニマルと化した女性」というのが直接的なイメージでしょうか。動物には人間のように本能を押さえる理性はありませんから、精神的な欲求というよりも、性欲に従って男を求める、そんな感じがありますよね。ここで重要なのは、その相手は一匹のオスではない、ということ。セックスにおいて、一つのオスとは満足できず、そのほかを求めて行動するエネルギーと実行力がある、というニュアンスが入ってきます。

ビッチという言葉は実際には、日本の若い女性の中では、悪口として使われています。「アイツ、ビッチだよね」には、異性関係において必ず自分に不利益をもたらす女、という意味合いがある。性的に旺盛で色好みな女は、現在のようなカジュアルセックス時代においては、単にその行状だけでは、もはやビッチとは言われませんが、それが周囲の男関係に抵触すると、ビッチのそしりを免れないのです。

悪口度の最上級は、「友人のステディな恋人を寝取る女」でしょう。これ、たまたまならばまだしも、「そういう行動」が習い性だとすると、彼女は周囲の女性から血祭りにあげられるのは必至。他人の持ち物が欲しくなる幼児性のゆえんでしょうか。横並びの友人の中で自分の女としての優位性を示したくなるという性格の持ち主なのでしょうね。

男性が性的欲求を喚起しやすい、いわゆる〝か弱い光線〟や〝隙だらけ光線〟を出しまくる女性は、かつては「かわいこぶるブリッコ」として、最近では瀧波ユカリ描くところのマンガ『臨死!!江古田ちゃん』の登場人物、「猛禽ちゃん（男の好む性格と外見スペックをすべて利用して、男を必ずゲットする猛禽類のような女で、もちろん、その名前と正反対に外見や仕草はか弱く、女らしい）」として、存在し続けています。

意思を自覚し戦略がある人間は、この時代、賞賛されるので、ブリッコや猛禽ちゃんに対して、女性も普段は「あの、豹変ぶりはあっぱれだわ」などと言っているのですが、それがひとたび、自分や知り合いの男関係に手を出した、となると、一転、ビッチの汚名を着せて、孫子の代まで許さない状態になってしまうのです。

ビッチの外見は必ずしも中身と関係ない

まあ、そんなこと以前に、「ビッチ」は外来語なので、日本人の男性が普通にこの言葉から連想するのは、洋画やMTVに出てくる扇情的なストリートガール＝娼婦の出で立ちではないでしょうか。「最近の若い女のファッションと化粧は、いったいどうなっているんだ？　まるで洋ピン映画に出てくる売春婦じゃないか」というオヤジの声が聞こえてきそうです（ここで気をつけなければならないのが、日本にはほとんど街娼、すなわち立ちんぼ文化がない、ということ。日本でのそれはソープランドのようにシステム化された風俗なので、自律的なファッションスタイルは確立しようがないのです）。

ストリートガールたちは、「セックスして愉しい身体」をアピールすべく、女らしさの身体記号をフルスペックで表現します。豊満なバスト、くびれたウェスト、締まりが良くてプリプリのお尻、すらりと伸びた足、豊かな髪にキスしたら気持ちよさそうなぷっくりとした唇に、欲情した心が表れるうるんで大きい目などなど。一目見たとたんに男の下半身を直撃し、セックス欲求に火をつけることがそのスタイルの第一目的なので、とにかく

ステレオタイプなビッチのイメージ(!?)

スピードが肝心。なにしろ、ストリートの一瞬がセールスの合否を決めるので、「きちんと和服を着た人妻の妙に色気のある襟足」だとか「女子高生の制服のブラウスから、透けて見えるブラジャー」などの、いったん文化的な記憶の回路で学習されたセクシーさのように、そのニュアンスをいちいち脳が感じるのを待っていてはダメなのです。

ファッションはいろんな視覚的な記号をまとう行為ですが、ビッチイメージにはすでに世界共通のドレスコードがあります。アニマル柄プリントのボディコンドレスは、50年代ハリウッドの悪女＝ヴァンプといわれた女優たちが起源ですが、「私はいつでもセックスアニマルになれますよ」の意味を容易に感じ取れます。このセンスは着物にもあって、戦後の花柳界の芸者さんの写真を見ると、白地に黒豹がどーんと染め抜いてあるといったような、大胆な動物柄が玄人女性の間で流行ったことがわかります。

ニーハイブーツ、ホットパンツは、皮ブーツのフェティッシュな欲求と、その合間にチラ見える太ももの質感の合わせ技の視覚攻撃。ヘソピアスやそのまわりの小さいタトゥーは、「私たちは堅気のアナタ（客）と違ってアウトサイダーなんだから、セックスのタブーはナシよ」ということの表徴ですね。メイクも同様で、つけまつげをダブル使いし、黒々とアイラインで囲まれ、カラーコンタクトで瞳を大きくした目、濡れたような質感を持つグロスをたっぷり塗った唇などの、素顔がほとんどわからない厚化粧は、女の記号が全開。

同時に、娼婦がその仕事をする時に、形からその気になって心のバランスを取ろうとするペルソナ、仮面のようにも見えます。

と、すでにお気づきのように、ちまたでは普通の女性のファッションが、どんどんビッチ化していっています。具体例を挙げていきましょう。来店した男性を女性が接待し、「セクシーかついい気持ちでお酒を飲ませてくれる」キャバクラの女性従業員は、ＭＴＶの外来ストリートガールとは違ったドレスコードで、男のヤル気を奮い立たせます。真っ白のファーやゴールドのサンダル使い、ミニスカのスーツで、胸や足を強調する。彼女たちのメイクやファッションは、今では若い女性たちの着こなしのひとつにもなっており、そのため「小悪魔ageha」などのお手本雑誌も好セールスを上げているのです。

近年浴衣から火がついた着物ブームですが、女性たちには、コスプレとしての花魁か銀座のママというセクシー方向の人気も高い。本来はお茶会や歌舞伎用にというコンサバティブな着物の装いも、現在はセクシー方向に舵が切られるというのがひとつのトレンドなのです。全く文化的カテゴライズではビッチとは見なされないのですが、二次元萌えキャラコスプレも、それが男性の視線と結託するのならば、十分ビッチファッションのバリエーションのひとつではないか（そのあたりは後でまた詳しく述べます）。

年齢の広がりも見逃せないところで、テレビのバラエティーに登場する40歳以上、果ては60代までの女現役感バリバリの「美魔女」たちは、この手のファッションを好みますし、結婚してママになってもこのスタイルを踏襲する彼女たちは、子どもにもそれを着させて「小学生ビッチ」などと言う一子相伝状態になっています（雑誌に特集されたりしていますが、そういう言葉づかいが昨今ではモラルハザードに触れない、というところがミソ）。

ここで間違ってはいけないのが、これらの「商売女＝セックスアニマル」と見られかねない外見は単なるファッションであり、こういったビッチの格好をしているからといって、中身がビッチとは限らない、ということ。

とは言え、ファッションは内面のひとつの発露。むしろそういうファッションを選択する時点で本人がビッチではなくとも、ビッチという存在のいかなるところに共感しているのか、ということが気になってきます。「私だって女に生まれたからには、女の悦びを得んがため、不特定多数の男とセックスを堪能してもイイじゃないか」というエンジョイセックス部分なのか、はたまた身体感覚を無くしつつある現代人傾向の中で、ダイレクトに自分の〝メス〟の部分が、男性の心を惑わせるというリアルな醍醐味のゆえなのか……。

もちろん、「みんながやるなら、我も」という同調圧力が強い日本では、「テレビタレントの～ちゃんがやっているから」という「考え無し」もあるでしょう。しかし、少なくとも、女が女である自分の肉体を隠さず謳歌したいということが、動機として確実にあるのではないか、と思うのです。

ビッチファッションは〝挑発的〟なのか?

気がつけば週末の電車には、倖田來未やキャバクラ嬢や、峰不二子、ラムちゃん（このヘンたとえが古いよな〜）が並ぶことになって、男性にとって性的記号の嵐のはずなのに、平然としている男たち。その態度は、「ちまたにビッチが溢れているからといって、そんな外見を信用するような俺たちじゃない（アレはファッションであって、中身は普通の女でしょ）」というようにも見えます。その一方で「あの女たちは、ああいう格好をしているんだから、性的には放埒ですぐヤれるし、後腐れないはずだ」という、素直な〝読み〟もあり、混乱の極みにいるのではないか?

しかしまあ、なぜ、素人の女の子たちが街頭娼婦なみのファッションで道を闊歩できるようになったのか? まず考えが及ぶのは、男からのハラスメントが表立っては非常に減ってきた、ということ。ビッチの格好をすれば、絶対に男がムラムラと性的衝動を起こす、というのは、女性にとっては本来かなり危険な話です。色っぽくロマンチックに口説いてくるならともかく、強姦や性的嫌がらせなど、女性に人格を認めないこういった性的暴力は、「オマエ、そんな格好をして外をのこのこ歩いているんだったら、ヤられてもしょうがないだろう」という言いわけの下にムリヤリ正当化されてきた歴史もあります。

「そこに〝女〟がいるだけで、劣情を刺激されてしまう」ことは、実は男にとって非常に都合が悪い。我を失わされることは、集団の秩序を乱し、ダメージを与えること必至なので、特に寝室以外のオフィシャルな場所で、女いや女体を感じさせる外見スペックというものは排除されてきました（イスラム教を旨とする中近東の国々では、女性は全身をチャドルで覆って、女性性の外見をひたすら隠します）。

例えば男ばかりの職場で紅一点働く女性は、なるたけ女性性を抑えた格好で、男からのセクハラやパワハラから自分の身を守ったものでした。男性だけでなく女性もこういうビッチ格好の女性がいると、かつては糾弾したものです。ビッチの記号を身にまとうことは、「自分が性的存在であることをおおっぴらにし、セックス欲求を見た目で表している」からで、女性がそれをすることは「はしたない」ことだ。男性は、性的存在であることと人間であることの共存が許されますが、女性はそうではない。誰とでもヤらせるビッチは、「牝犬」として人間以下の扱いを受け、日常生活において不利益を被ってしまうので、女性もあえてビッチなスタイルには手を出さない、ということが不文律になっていたのです。

現在はと言うと、ご存知のように、普通の娘さんたちが、ビッチファッションで街を闊歩しており、たとえそういう格好をしたとしても、あまり男性の下半身を直撃しているようには思えない。ビッチ格好の女の子が男女混合グループにも問題なく存在していますし、酔ったオヤジから下品なヤジを浴びせられたりもしません。

時代は変わりました。女性からしてみれば、抑えつけてきたギブスがとれ、セクシー豪速球を投げ放題という感じ。「あれ、どうしちゃったの？」と。表向きには男性の暴力的な性のポテンシャルは消えました。草食男子、セックスレス、二次元萌えにリア充拒否など、そういった男性の傾向を裏付ける言説は、確かに世の中には溢れています。となると逆の要請も出てきそう。女性たちのビッチファッション化は、そういった「生身の女性拒否」の男たちに対しての、種としての欲情喚起欲求の表れなどという見方もできそうです。

男の草食化はバブル期に始まる

ビッチスタイルというクリシェが、男女の判りやすいセクシー方程式と違ってねじれてしまったひとつの例として、80年代後半のバブル期に日本を席巻した、「お立ち台ボディコン女」というものがありました。「マハラジャ」、「ジュリアナ東京」などのディスコで、身体にぴったりとした、「ほとんど水着じゃないか」という出で立ちの女性たちが、お立ち台の上で羽の扇子を振り回しながら、ショーガールのように踊りまくったあの状況です。

「普通のＯＬが週末だけストリッパー、いやセクシーボンバー！」。普通に考えるならば、それこそボディコン女は遊びにきた若い男性たちの餌食同然だと思いきや、実情はというと、その日本の男女の鞘当て文化にはない、突如として起こった女性からのイケイケな性的アウトプットに男性側は完全に腰が引けてしまった。

それに大いに関与した世代は、現在アラフォーの女性たちで、初期の頃は私もその現場に遊びに行ったりもしたものですが、例えば、日本駐留米軍の海兵隊たちに群がる〝ブラパン〟のように、ボディコン娘が日本人の男たちにお持ち帰りされるというような流れは、一度たりとも目にしたことがない。当時のメディアに掲載されていた彼女たちの談話を思い起こすと、「自分のセクシーな肉体にたくさんの男がうっとりしているのが快感」で、「そういう格好をしても、けっこう身持ちは固い」という不思議なスタイルが浮かび上がってくるのです。

日本人の若い男性たちはどうだったのでしょうか？　裸同然で踊りまくる女性たちというのは、以前ならば完全に自分から男を誘っている状態であり、そんなことをする女性は蔑むべきで、男に強姦同然でセックスをされても問題はない存在です。しかし、多くの男性はそうならなかった。そのひとつは〝興ざめ〟、という感覚。女性が主体性を持って女をアピール＝性を謳歌する姿というのは、当時のニッポン男子の性文化にはほとんど無い。男の手によって快感に目覚めさせられて行くというストーリーの方が当たり前で、ボディコンお立ち台女はその真逆のイメージ。どうも食指が動かないということは、容易に想像できます。

また、こちらの方がずっと多いのだと思いますが、セクシーな格好をしていても、その女たちの目的は露出、エキシビショニズムの快楽であることは自明。その空気を、もちろん男性も読んでいるわけで、額面通りに受け取って誘っても「アンタ、勘違いしてんじゃないの？」と肘鉄を食らうぐらいならば、止めておこうという判断ですね。女に肘鉄食らわされても、「そんな格好しておいてオマエ何考えているんだ」と押し返す男性側のエネルギーは、すでに当時には無かったと言ってよい。

当時まだ女性の性意識としては、恋愛とセックスは不可分にくっついていて、その先の結婚というゴールもバッチリ信じられており、男性もまだまだ肉食ぶりをギリギリ保っていました。しかし、時代の先ぶれを反映してしまうファッション、風俗の方は、先んじて草食化の今に至る状況を見せつけていたのでした。

コスプレ感覚もあったでしょうね。ディスコの非日常空間やコスプレ会場の祭り的空間の中では、我が身の内なるリビドーが発揮されてもとがめられませんが、その時間が終われば、日常が待っているわけで、ハレとケの使い分け。当時の日常感覚には、女性が性欲を自覚しビッチ行為に走るということはまだまだタブーだったのですから、「お立ち台だけ無礼講」は存在してしかるべきものです。

「つきあう」感覚とセックス

セックスがカジュアルになったということは、みんなが「セックスは快楽のため」と割り切り、「この人だけに貞操を捧げる」というステディ感覚がどんどん無くなっている、と考えがちなのですが、意外にも浮気のタブー感は、女性全体で非常に強くなっているという傾向があります。そうとう、やりまくっているビッチの中でも、ステディがいる間はおとなしくしている、いや、もしやっちゃったとしてもそれは褒められることではない、と考える人も多い。「つきあう」という言葉は、私の記憶では90年代の半ば頃までかなり曖昧だった感じがするのですが、今ははっきりと、英語におけるステディ、男女とも「その相手とだけしかセックスしない関係」というように意味が確定しました。

性的パートナーの固定は結婚の大きな条件ですが、別に結婚を考えなくてもパートナーの性的な自由は認めないというのは、どのあたりで世界の常識になったのでしょうか。そもそも革命以前のフランス貴族社会においては、結婚は家を存続させ、繁栄させるだけのもので、そこに自分の感情や恋愛心などを入り込ませることは無粋とされていました。そのため、結婚してから初めてラブアフェアが始まるという逆転の常識もあったわけです。逆に夫婦で愛し合ってなどいた日には、貴族に相応しくないとされ、軽蔑の対象になり、その感覚は近親相姦の話を聞いたようなおぞましさすらあったというのですから、驚きです（しかし、これ日本の現在の夫婦間セックスレスの理由、「もう、家族になっちゃったからムリ」というやつに似ていやしませんか?）。我が国でも「男の浮気は甲斐性だ」などと言って堂々とお妾さんをつくる男の人は黙認されていた、もしくは、夫が「会社の旅行」などと言っておつきあいで商売女とやるのは仕方がない、といったような常識はそんなに昔ではなくつい最近まで存在していました。男という動物は、女と違って種まき本能があるのだからしょうがないという、肉体と心は別、という割り切りですね。それがナンセンスになり、急速にパートナー間の操が立ち上がって行ったのには、エンターテインメントの雄、ハリウッド映画の影響が無視できないと私は思います。

カトリックの国、たとえばフランスなどは、夫婦がそれぞれ愛人を持つようなことは、あり得る話ですが、ピューリタン国家であるアメリカでは、そのことのタブー感は文化、歴史的に非常に強い。「精神は肉体をコントロールしなければならない」という人間理性の賞賛と信頼っていうヤツですね。まあ、ラブストーリーを展開させるファクターとして浮気という負の材料は不可欠ですが、それにしても、あれだけ浮気のタブー感を繰り返し見せつけられれば、観手《みて》の側にも〝ある回路〟が出来てしまいます。もちろん、ハリウッドのモードをトレースしがちの日本のテレビドラマや浮気発覚、芸能人の不倫を犯罪のように騒ぎたてる現在のテレビの影響はものすごく、このモラルは本当にいつのまにか、有無を言わせぬものになってしまっています。

ビッチとは「規格外女」である

ビッチは「ヤリマン」のことでしょ。という理解もあります。ヤリマンやサセ子、俗に公衆便所／肉便器（ひどい言い方ですが、すでにネット関係ではこちらがスタンダード）と言われる女性たちの共通点は、ただひとつ、不特定多数の男性と、そこに精神的な恋愛感情が入らなくてもセックスを数多くし続ける、と言う点。ただし、ビッチと言った場合、そこに少々、尊敬の念も入ってくる。「あの女、ヤリマンだから」と「あの女、ビッチだから」は明らかにイメージが違っているのです。ビッチの場合、その「多くの男との豊富な性体験」は、意志的なもので、取捨選択は自分本位というような自立感があるのに対して、ヤリマンの方は、「男に求められれば、誰にでも身体をゆるす」という受け身で意志脆弱な語感がある。

まあ、すべからく外来語には、自立や自由のニュアンスが感じ取られるものですが、ビッチの方は、なにせ語源が犬。ことによったら噛みつかれるかも知れない野性のエネルギーがあるのに対して、なんだかその語感が、美味しそうなおまんじゅうみたいで、ただ食べられるだけみたいなヤリマンとは、大もとが違うのだという感じもありますね。実は語源のもとのアメリカでも、ふたつの言い方があります。男に歯向かったり、言うことをきかないアバズレを「ビッチ（bitch）」と呼び、男性に隷属し、いいなりになる女は「ホアー（whore＝娼婦）」と称されて、日本におけるビッチとヤリマンの違いと似た語感があるのです。女性からしてみれば、「ヤリマンとは絶対言われたくないが、ビッチなら「ハーン？」という感じで、そんなに嫌な気がしない」ということになる。

ビッチに対しては、セックスのイニシアチブと自立、自由なイメージを女性たちは抱いています。要するに規格外女のいちアイテム。社会が女性に対して求めてきた「こうあるべき女」というものから外れている存在としての、ピカレスクな輝きがある。

女性をセックスの面から見た場合、「女はこうあるべき」の規格内というのは、たとえば、結婚前まではできれば処女、それが無理だとしてもしかるべき特定の男性と真面目なお付き合いの上での、いわば親の目の行き届いたところでのセックスだけを黙認されている娘、夫以外とはセックスしないという妻。自分のことを「二号さん」だと位置づけて、それを全うするという美学も、実は規格内の女の姿です。生理が止まって、妊娠しない身体になった、お婆さんやおばさんがセックスに対して無関係な存在となるのも、こうあるべき姿の規格内。要するに社会の中で、管理され、また、自分からも管理しようとしている女性の性行為や欲求の部分を、ビッチは横紙破りで「好き放題に」実行しているような爽快感があるというところは無視できません。

規格外になる女というのは、もともとのエネルギーや欲求が強い人たちだと思います。それらのアウトプットは、もちろん、社会的活動やスポーツや学業、仕事に反映されていけば申し分はありませんが、そこに人間関係上の「愛し愛されたい欲求」も大いに入った場合、ビッチ行為は俄然優位に立ってきます。買い物狂、韓流やジャニーズおっかけなどのいささか常軌を逸したライフスタイルを持つ女性がいますが、その欲求の強さが性に突出した場合、多くの場合、ビッチと化するとも言えます。セックスは、濃密な人間関係上のコミュニケーションなので、それが成就した場合の愛し愛され欲の充実は、他の欲求実現などとは比べものにならないほど強いのですから。

改めてビッチがどういうものか考えてみましょう。

10代の女の子から、老熟年期の女性までが、自分の中の「性欲」を抑圧せず、肯定し始めており、そのアウトプットは、従来の女性のセックスにまつわる常識的行動を大きく逸脱しているのは事実です。

つまり、セックスが彼女のライフスタイルにおける重要な一部をなしている。これは間違いがない。いわばセックス重点主義の女たちですが、この中には階層があって、セックスが自己承認でしかないタイプから、快楽と割り切って、グルメのように味わい楽しむタイプ、ロマンチッククラブにおけるセックスの理想型を追い求める恋愛至上主義者まで、モチベーションやスタイルは多岐に渡っています。

「ビッチ」という言葉が指し示す、「セックスに対して旺盛で活動的な女性たち」というキャラクターは、現在、様々なレイヤーを形成しています。つまり、そこから「ギャル」のように一枚岩のライフスタイルを抽出することは不可能に近い。「ビッチスタイルだからビッチ」とは言えず、またその逆も言えない。「物事は見かけ通りとは限らない。ごく少数の知恵者だけが、巧妙に隠された真実を見抜くのだ」と、プラトンの言うがごとくのビッチ状況を、これから次々と分析していきましょう。

②ヒーローとしてのビッチへ

女性化ポジティブ世代

〝おませな女の子〟という言い方がありますが、親が厳格に性的な情報を家庭から閉め出さない限り、早い子で小学校の低学年ぐらいから、セックスという行為そのものは知らなくても（どうも、男女の違いのシンボルである性器周辺の何かしらの行為であることはわかっていたりする）、その周囲の感覚を知ることになり、俄然、興味を持ち始めます。中高学年ぐらいに成ると、女の子は生理に先んじて、そろそろ胸にしこりができたりの身体変化が始まります。実はこれ、かなりの痛み&長じては快感に変わる違和感などもあって、多くの女の子が、自分の中にモヤモヤした性欲を自覚しやすいファクターでもあるのですが、それを小学生の女子生徒に教えてあげるような社会環境は今、そして将来も出現しないでしょう。

逆に、社会が少女たちに教え込んできたのは、「女らしく身体が変化することは、いろいろと大変なことを抱え込むことになる」というぅんざりした気持の方なのです。実際、少女を囲む現実もハードな色彩を帯びています。急激にオトナの男性から性的対象として見られることを、痴漢や露出狂の話を聞いたり、被害にあって知ることにもなり、生理が始まれば、そこに妊娠という事実が関わってくる。小中学生で妊娠した女子は、それだけで、社会的に人並みの青春を送れないことになるので、その恐怖は相当なものです。思春期の女の子は、だから、自分の肉体的発達をなるべく人に悟られないようにするというのがマナーとなるのですが、その一方で、その女らしい肉体が、自分の内面とは関係なく、異性から賞賛され、同性からも憧れられる美徳だということも同時に知り、そのアンビバレンツ感にいろいろと引き裂かれることになるのです。

実はこの点が、世代的に非常に差があるところで、女らしく変化する肉体を、妊娠のリスクも含む、面倒くさくて嫌なものと感じさせられた、ネガティブモードの世代から、女として幸せを全うするための最大メリット条件として礼賛する、ポジティブ世代へとその意識は急速に変化しています。

その背景のひとつには、前述したように、生身の女性に対する男性の表立っての性的衝動が、以前に比べると非常に落ちてきているという事実があることを忘れてはなりません。よく言われる男性の草食化傾向です。よって女性は、女性的肉体とは危険を誘発するやっかいなもの、という考え方から脱却できるようになった。

いわゆる、据え膳状態があったとしてもそれを食わない、という男性の大量発生は今、完全に表面化しています。よくたとえられる話ですが、昔は青年期の男性は後ろ暗い想いをし、困難を突破して買ったビニ本を後生大事におかずとして使い続けたり、年齢詐称で観たポルノ映画のシーンを頭に焼き付けてオナニーに挑んだものですが、今やネットでAVは見放題。結局、男性のリビドーのほとんどは、かつては本物の代替えであった二次元のエッチイメージに吸い取られてしまって、それで満足、という風になってしまったのです。80年代初期、私が入社した流行最先端の情報誌の職場でも、ひとりの男性上司が「女性のノースリーブは風紀的に望ましくない」などと言っていたぐらいですから、男性の性的視覚刺激のハードルはずいぶんと上がってきてしまっているということですね。

性的肉体を肯定することのお得感

また、女性的肉体を肯定的に引き受けることは、女性にとって〝お得〟である、いい思いをしたりカネになる可能性が高いということを、女性自身が強く認識し始めたということも大きい。

ご存じの通り、テレビではセクシーやグラマーを〝売り〟にするタレントは大活躍。宮沢りえが人気の絶頂期にヌード写真を出し、それが新聞の一面を飾ったことが大きな社会の切り返し点だったと思いますが、メジャーな人気者が人前で裸をさらしてもそのことがマイナスどころか、価値のあるコンテンツと社会が認めるようになったことは大きい。男性のオナニーネタになることを意味する雑誌のグラビアモデル／アイドルは、タレントの登竜門であり、その内容も「ちょっと可愛い娘が水着になっている」というものから、現在では、スクール水着のような男性のフェティッシュな欲望を喚起するような記号に満ちあふれているかなり際どいものまで、OKなのです。クラリオンガール出身で、グラビアモデルを皮切りに芸能界に進み、大臣職にまでなった蓮舫のような実例もあるわけで、若い女性の肉体誇示は今や、眉をひそめるものではなく、ひとつの〝才能〟の範疇にまでなってきました。

巨乳という言葉が、男だけが口にできる猥褻語から、女の子が「○○チャンは、巨乳でいいなあ」などと普通に口に出して言えるようになったことも、その変化の現れですね。1989年頃から、メディアに登場し初めたこの言葉は、もともとあるボインやグラマーに比べて、出自がアダルトビデオのタイトル周辺だと言うことは明白で（菊池えり主演のその名もずばり『巨乳』というタイトルのAVの大ヒットなど）、かなり猥褻感のある言葉だったのにも関わらず、一般化していったわけです。

ピーチジョンという通販革命を起こした下着のメーカーは、バストを持ち上げて、貧乳でも巨乳に見せる「ボムブラ」という製品を出して大ヒットを飛ばしました。このメーカーの通販カタログは、それこそセクシー礼賛で、ひょっとするとこれは洋雑誌「プレイボーイ」のグラビアなのではないのか、と勘違いしそうな、〝見せる〟下着が目白押し。

素人は着ないだろうというセクシー下着は、実はヴィクトリアズシークレットなどの欧米の通販では当たり前でした。なぜなら、セックスレスなど考えられない彼らは、そういう〝回春剤〟を持ち込んで、パートナーとのセックスライフを維持していくからです。そういう関係が一般的ではない日本は、そのようなテイストは売れ筋ではないと思われていましたが、結果は大間違いで、下着業界を揺るがすビッグヒットとなりました。

それらの下着は、セックス時の興奮目的というよりも、女性が自分で女らしい自分の肉体を慈しむ、といった「自分のため」視線が強いのは言うまでもありません。ピーチジョンのカタログは、女性誌もびっくりの魅力的なコピーライティングや編集がなされていますが、それらの方向も「彼氏にセクシーに感じてもらう」というよりも、女性が自分自身の女らしさ、セクシーさを堪能するといった自己完結型が多く、それが多くの女性の心をつかんだのです。

巨乳は女性にとってやっかいなものではありました。もちろん、それがグラマーという言い方をされ、女性の魅力の大いなるひとつではあったけれど、その一方で、思春期から受け続ける男性からのセクハラめいた視線と痴漢などの行動被害を考えると、どうしても否定的にならざるを得ない。その天秤が女性自身の巨乳礼賛に傾いていったのは、何度も言うように、男性側の変化がゆえです。

まずは、セクハラ攻撃が表立っては減っていったこと（痴漢裁判などの報道で、世間的なタブー感はかつてよりも圧倒的になっている）。それとパラレルに、ネットも含め世の中にふんだんな性的ビジュアルが溢れるようになってきて、男性自身の目に耐性がつき、いや、言葉を変えれば鈍感になり、これでもか、というような巨乳＝シンボルがないと物足りない、という風になっていったことが、女性自身の巨乳観を変えていったことは事実です。

ビッチの「少女時代」

〝おっぱい〟というのは、実はそれが外から目に見える変化なので、思春期の女性にとっては〝女性〟というアイデンティティの枠組みを受け入れるかどうかの瀬戸際です。処女性が珍重され、女性が10代の時分からヘタに色気づいて不特定多数の男性の気をひくことを良しとしない風潮は、ピンクレディーを子どもの頃さんざん踊った世代が親になった時点でほぼ終止符を打たれました。かつては、完全に身体は大人の女性なのに、それを無いことのようにふるまう「少女時代」という性の停戦地帯があったのですが、これは今、崩壊しつつある。

子どもから、即、女。

小学校高学年でエッチしちゃった、というのは、かつてならば、性暴力被害者とも考えられた大問題、レアケースでしたが、今では、決して歓迎されることではありませんが、その女の子の恋心ありきの、「おませな子」の範疇にすらなっている。

ＳＰＥＥＤやモーニング娘。など、ローティーンの少女期にいる女の子たちが、大人の女性顔負けの歌やダンスを披露し、それが社会でメジャーになるというサクセスストーリーが確立してきたことも大きい。それはすなわち、彼女たちの存在が、男性からの性の対象として欲求されていること含みであり、女の子は身体が女らしく発達してきた段階で、一挙に〝女性〟を掲げてもよいし、それはファッションと相まって、自己表現にすらなってくるわけです。

BL欲求とセクシーな自分拒否

さて、この女性的肉体礼賛以前の性の停戦地帯たる「少女時代」のことをもう少し、掘り下げてみましょう。なぜならば、今、性に旺盛なビッチの上の世代と思われる40代後半は、こういった「少女時代」の体験者でもあり、ビッチというのは、その思春期における性意識のベースラインに立脚しているものなのですから。

この「少女時代」においては、急速に女らしくなる肉体はおおっぴらにするものではなく、特に人よりも身体の発達が早い女の子は、得意顔というよりもひたすら目立たぬようにしていたものでした。私が少女時代を過ごした、1960年代後半から70年代前半では、もちろん女性の性欲はおろか、処女でない若い女性は望ましくないものという常識が成り立っていたので、旺盛系の女の子はひたすら、自らの性を抑圧する方向を模索したものです。もちろん、こういった状況は現在でも、学校という教育機関のベーシック。特に私立の女子校では、あの手この手で〝色気づいた〟シンボルを生徒たちが身につけることを校則で禁止するわけです。

乳房の発達などの外見の変化に加わって、毎月血を見る生理という、かなり生々しい体験も急激に自分に起こってくるそのストレスと、それを「無きものにしたい」学校や世間の空気の間でバランスをとっていくのは、なかなかに難しい。中には、自分の身体の変化を拒否して、男っぽい服装で自分のことを「ボク」と呼ぶような少女たちもいましたが、多くの女の子たちは、自分が性的存在であることを隠し、隠しつつも世間の要請に合わせて小出しにする技をひたすら磨いたのでした。

さて、この頃のムラムラ、性的衝動がどこに向かうかと言えば、まずは、男の子と同様に部活のスポーツ。そして、アイドルに血道を上げるファン行動もよく知られています。ジャニーズがこの部分のマーケットをガッチリ押さえているのはご存じの通り。そればかりか、セックスレスのお母さんたちをもつかまえて、日本女性の全体のリビドーと渡り合っているのは、あっぱれとしか言いようがない。

少女マンガも大きな受け皿として存在していました。現在のBL＝ボーイズラブに繋がる同性愛ものも含め、今では考えられないほど、複雑で大人っぽい様々な恋愛表現が展開されていました。

そう、少女マンガがある種の少女たちのポルノグラフィとして発達してきたことは否定できない事実。最も赤裸々に性行為が描かれるのは、BLジャンルですが、なぜ、男同士の性愛描写が少女たちのポルノになりうるのか？　という疑問が湧いてきます。これに関しては、すでにいろいろな分析がなされているので、ここでは詳しく述べませんが、一般的な理解としては、男女の赤裸々な営みが描かれているポルノマンガだと、それに欲情する身もふたもない自分を直視するわけで、世間との兼ね合いもあり、性的な自分をまだ受け入れられない自分にとってはキツイ、という感覚ゆえ。男同士のセックスならば、それがどんなにハレンチで凄いことでも、「自分とは関係ない」という予防線によって、逆にどんなものでも楽しめてしまうというわけです。

関係キャラに自分と同性の女がいないことにより、攻める方にも、受ける方にも、感情移入することができるという点は、多くのＢＬファンが指摘するところです。あとは、セックスそのものよりも、そこに至る男と男の関係性の方に欲情するというあたり。確かに、男性には職業がそのキャラを浸食するだけに、立場上いろいろとバリエーションがあって、その差異は多様です。それは、快楽的な性愛物語を描くとき非常に有効で、よって、ＢＬが「関係性萌え」のポルノとして支持されるわけです。

面白いのはこれ、女性の肉体が礼賛され、女の子がどんどん性的肉体を誇示できるようになった今でも、廃れてはいません。ＢＬはもとより、ちゃんと女の子が登場する、ヤングレディースもあり（すでに性欲は、女の子にとって当たり前になっているのですね）、発達を遂げており、それらは女の子たちにははっきりと「おかず」として認識されています。セックスのリア充女性たちの〝別腹ファンタジー〟から、自分の身体の女性性を乗りこなせない少女たちの受け皿まで、需要の裾野は幅広いのです。ただし、後者に関しては、以前とは別の深刻な事情が立ち上がってきていることも、押さえておきたい。

社会が表立つことを肯定する女性の性的肉体は、やはりグラビアをセクシーに飾り、テレビで巨乳っぷりを賞賛される、いわゆる〝美しいグラマーな姿態〟であり、そのコードから外れる、たとえば、デブやブス、ずん胴、アンバランスな肉体は露出に値しない、という空気が世間を支配しています。綺麗でスタイルのいい子は堂々と女性性を謳歌し、そうでない子はやはり、以前と変わらず自らの中の旺盛な性欲を秘匿するしかないのですが、現在のメディア情報社会ではそれが自分の実力と思い知らされるところが、以前よりも女性にとってキツイ所なのです。その対処法として、「とにかく痩せればなんとかスタートラインに立てる」というわけで、多くの女性誌やメディアがダイエット記事を満載させますし、メイクアップの技術はとんでもなく高くなり、どんなブスでもそれなりの水準にまで持っていくことができるようになりましたが、その強迫観念は相当なものです。

しかしその一方で、そもそも自分の身体を社会のセクシー基準に合わせることを拒否する女の子たちも少なからずいます。彼女たちのリビドーは、アニメやマンガの二次元系はもとより、ジャニーズに始まり、韓流、『テニスの王子様』ミュージカル＝「テニミュ」

へと細分化しながら隆盛している男性アイドルに投入され、自分の実人生と肉体とは関係ないところで、性的な満足を得る、ということを選択している。

面白いのが、「瘦せて、そそるメイクやファッションをしたならば、さぞかしモテるのに」ということがわかっていても、それをやらない層、というものも出てきているということ。一度、ダイエットに成功したものの、リバウンドしてあとはそのまま、というケースも少なくない。大島弓子の短編マンガにダイエットを繰り返し、非モテとモテの間を行き来する少女の物語がありますが、「所詮、世間はそんなものだし、瘦せてキレイになったからって、その現実がそんなに面白いとは思わない」というクールな諦観がそこには見え隠れもします。

セックスのカジュアル化がもたらしたもの

女性にとってのセックスは、恐ろしい勢いでカジュアル化しています。

多くは恋愛の帰結点として考えられていたセックスでしたが、「セフレ」という言葉と行為の一般化によって、恋愛だけではなく、たとえば友情という言葉がふさわしいものや、夫婦やパートナー間においては親愛のコミニュケーションスキルだったり、様々なかたちがあるということも認識されるようになって来ました。そのカジュアル化によって、生涯にイタす交渉相手の数は格段に増えることになるわけで、カジュアル化がビッチ氾濫の下地になっていることは否定できません。

よしもとばななも、エッセイの中で「よっぱらっちゃって、ついヤっちゃったセックス」の話をあっさりと書いていますが、そういった場合の後悔は、年ごとにものすごく軽くなっている。そんな話を女の子が女子会などで、武勇伝としておもしろおかしく話すことすらあります。同時にセックスが、「お付き合いする、ということの暗黙の意思表示」であるという認識も急速に薄れています。「私のことは遊びだったのね」とか、「身体だけが目当てだったのね」と、ちょっと前まで、女の子はステディになってくれない男の子を強力に非難したものですが、今はそういう状況ではない。世間に流通している王道ストーリーは、①男もしくは女の方が告白する→②デートを重ねる→③キス(→ペッティング)→④セックスというものだったのですが、今では①が一番後になる可能性が高いのです。

カジュアル化と同時に、普通の女性からの「誘いの合図」も直接話法が多くなってきている。「コレをフツーの娘さんが?!」という行為の数々は、まさにビッチのそれ、と同様なのです。

ある20代の若者たちの飲み会に参加したときのことです。私の目の前には、このご時世に珍しい肉食系の男の子がいました。今時のモテ系はこういうタイプなんだろうな、という彼は、色白のあっさりとした美形で芸人ばりにトークが面白いイケメン。その隣には、同世代のそのとき初対面だというカワイイ女の子が座っていて、イケメンが彼女に下ネタを振ったり、イジったりして相当気に入っているな、と思っていたのですが、後から聞いたところによると、テーブルの下は凄いコトになっていた！　彼女の方からナマ足をすりすりし、そのうちに手が膝から、さらには股間に伸びて来た、と言うのです。彼女はいわゆる美人じゃないけれど、男の子に人気がありそうな庶民派。その彼女が災害ボランティアの話なんぞをしながら、テーブルの下では、手練れの色事アプローチを繰り広げるアンビバレンツ……。イケメンはすかさず、みんなと別れた後、彼女に携帯メールを送りアタックしたらしいのですが、そこではなんと、彼女は断りを入れている。

彼に聞くと、そういうことは珍しくないそうで、断っても、もう一度アプローチしてきたら、その時初めて身体を許すらしい。要するに「わたしは軽い女じゃない」という意思表示と、男の本気度を確かめる算段ですね。こういう所は、古典的なのですが、何しろ机の下行為が手練れのビッチみたいなので、そのアンバランスさが異様です。いずれにせよ、王道モテ系でもあるその女の子にしても、ビッチ的な積極性を最初に出しておかないと、男からの〝お渡り〟がない、というところが今っぽい話ではある。この若い女性の感覚は、ダイレクトに雑誌「anan」の有名なセックス特集を思い起こさせます。そこには「風俗嬢並みのテクニックを使って、いかに男を楽しませるか」というノウハウがてんこ盛り。現在の「anan」は、メジャー雑誌の常として非常にマーケティングに添った作りをしていますので、このミもフタもない内容はすなわち、今の若い女性が「リアルに欲しい情報」ということになる。ビッチ感は、こういう具合に、普通の女の子のセックスライフにも入り込んでいるのです。

セックスのカジュアル感は、インターネットやメールというITコミュニケーション手段でも加速しました。出会い系サイトによって、「いかに普通の人間がワンナイトスタンドをやらかしているか」は周知の事実ですし、その裾野は、女子高生の援助交際から、セックスレス主婦の欲求まで、一般的に幅広い。最もそれに貢献したのは、むろん携帯メールの存在です。たとえみんなと飲んでいたとしても、そこだけパーソナルな会話ができるので、先ほどのテーブルの下攻撃ではないですが、〝その気〟を確実に伝えることができる。

携帯メールが良いのは、もしその気がなかったらスルーしてもいいし、それを送った相手もスルー含みで発信しているので、気持ち的に気軽な点でしょう。たとえば先ほどの例で言うと、男性の方が「今から、電車引き返して、ボクのウチでさっき話した猫、見に来ない？」というメールに、「猫見たーい。じゃ、10分後に駅に行きます」と返信できるお手軽さ。これが電話時代のコミュニケーションだと、「猫見に来ない？」に至るまでの雰囲気会話をつくらなきゃならないし、答える方はもっと大変で、「軽い女と思われたくないから、〝猫見る〟ってだけを強調しつつの同意表現」なんぞをニュアンスで返さなければならない。メールは日本人が英語を使うときの、清々した感じにも似ています。なぜなら、それはニュアンスを加えなくても良くて、「どうしたい」という欲求だけを伝えればいいわけで、断られても、それが英語だったらあまり傷つかない、という感じにも似ています。

男性と同様、女性もインターネットのエッチサイトなどのAV視聴で視覚的刺激を得ています。実はAVをレンタルビデオなどで以前から見慣れている男性に比べて、この女性側の環境変化は、非常に大きい。「みんながやるから自分も」という同調圧力が強い日本では、ごく普通の、しかも自分よりかわいい子たちが、大量に本番AVに出て痴態をさらしているという現実は、女の子が今まで持っていた性モラルをぶっ壊すには充分です。

「セックスにはまず恋愛心ありき」というモラルは、「好きな男でもないのに、金のためにセックスをする」というAVの前に吹き飛びました。しかも、金のため、という身もふたもない（しかし、この拝金主義の世の中では、それもアリだなと思わせるに充分です）対価と引き換えに！「自分のセックスする姿を人に見られるのは羞恥の極地」、というのも、「これだけみんながやっているんだったら、そんなに恥ずかしい事じゃないのかも」という風に納得がなされたに違いありません。「セックスは考えてみれば、みんなやっている行為だし、それで気持ちよく感じる事は全然良い事だし、男たちが自分のセックスシーンに欲情してくれるのは、自分に魅力があるから」という書き換えが行われたフシがある。

伝統的セックス言説＝「呪いの言葉」の崩壊

カジュアル化とともに、セックスにまつわる伝統的な言説の真偽が、リアリティーの前に次々とメッキを剥がされてきてもいます。

その言説たちを私は「呪いの言葉」と呼んでいるのですが、そのひとつに、「女の性欲は、男性経験によって初めてその扉が開かれ、開花していく」というものがあります。これには女性のオナニー事情がからんでくるのですが、自分の体験、及び周囲の証言から言っても、女性は男性と同様に少女期にすでに自分の性欲を自分で満足させる方法を知っており、世間の男性が、「女性のオナニーは男性の代替えでありセックスの代用」と考えていることとずいぶんズレがあります。

「女の性的幸せは、ひとりの男と長く深い関係になってこそ得られるもので、数をこなすタイプは、不感症か精神的に問題のあるタイプ」という〝呪い〟も根深いのですが、これも恋愛で結ばれた多くの既婚女性が、なぜこんなにも不倫に走るのか、という現実の前では言葉を失いますし、本当に〝数のセックス〟を旺盛に楽しんでいる女性艶福家も現実にはたくさんいるので、今となっては、ちょっと旗色が悪い。

四十路越えあたりで多くの人がマックスになる性欲も、今までは「淫乱な人妻」というポルノジャンルの創作か、もしくはあったとしても「更年期前後のイライラ」という言い方で障害扱いされていたことも、今では多くの人が正確なところを理解するようになってきました。女が男に欲情して、自分からセックスをしたいと誘う、という性の主体性が、実行するかどうかは別として、男女ともに「人間なんだから、しょうがないんじゃない？」として認識され始めたのは大きいことなのです。

カジュアル化の果てに——セックスに重きを置かない風潮

カジュアル化の一方で、今、20代の若者は実は処女と童貞が多い、という統計もあります。名古屋近郊の都市でキャバクラ嬢をやっていた知り合いの22歳の女性の話だと、不良っぽい子が多かった高校では、クラスのほぼ全員が初体験を済ませていたのに、進学したデザイン専門学校の同級生のほとんどが処女だったそう。ほどほどがなくて、両極に物事が片寄るという傾向は、現在、様々なところに見ることができますが、これもそのひとつ。

所属するグループについて横並びになっているところに注目すれば、「皆がやっている（いない）から私も」という風にも読み取れますよね。

くだんの元キャバクラ女性の話によると、処女グループは別段焦ってもいず、努力して男に働きかけて、処女喪失する意欲はないんだそう。上村一夫のマンガに、いつもはブス丸出しで回りから軽く見られている女性が、ある目的が出来た時、妖艶な美女に変身して、思いを遂げるという物語がありましたが、処女の子たちも、「その気になればそのノウハウはちまたにあふれているし、ヤレる」と考えているのかも。ただその「ヤル気」がどうしても自分からは起きてこないというだけ。昔はそういった奥手の女性も、男性の方が何かと放っておかなかったのですが、それも今では期待できない。ということで、現在はお盛んな方も処女の方も、いずれにせよ、それほど性体験に重きを置いていない風潮が見られるのです。

ピカレスクヒロインとしてのビッチ

ビッチを、「性欲があって、知識も充分&手口も会得。でもって、実際にヤっている女性」とすれば、現在の女性たちはすべからく〝ビッチ〟ということにもなります。ご存じの通りセックスには、子どもをつくるための交接、というところは措くとしても、ざっくりとふたつの側面が有ります。ひとつは、我々が文化的に知るところの、男女間の愛情を強固にするためのコミュニケーションという側面。もうひとつは、性欲処理と性的快楽を味わうため。そして、ビッチはもちろん後者のセックスライフをより体現した存在ですが、そういう存在について男性と女性とでは捉え方、感じ方が違う。

実はとっかえひっかえ男とセックスする、性欲旺盛な女性のことを、女性たちは、かつてのように蔑んだりはしません。かつて、私の記憶では80年代、友人のひとりにスポーティーで仕事ができ、話も面白い人気者の女性がいました。彼女はわりと「飲みの席で気が合って、口説かれたら寝ちゃう」系の人だったのですが、当時それはかなりスキャンダラスな言われ方をしていました。女友達の間で「彼女、ヤリマン、って噂が立っているらしいから、本人に注意した方がいいかもよ?」などと陰口を叩かれていたわけですが、これ、もし今ならば、眉をひそめる感じではきっと語られないでしょう。ビッチという言い方も、それを蔑称として使うのは、前述のとおりその女性が他人のステディな彼を寝取ったり、男を弄び手玉に取ることを吹聴したりする「嫌な女」の場合が圧倒的に多いのです。

女性はビッチに関して、一種ピカレスクヒロイン的な感覚を持っています。なぜならば、セックスの結果は妊娠と子育てですが、ビッチとはそういった女の宿命から自由であり、管理の目から逃れた存在を感じさせるということ。さらに重要なのは、ビッチはいろんなイイ男の良い種をもらって、いろんな子どもを産みたいという欲望を実現できそうでもある、といういささか過激な、いや過激なまでに真実な事実において。

そもそも、セックスの任務は子孫を残すため。妊娠という厳粛な事実があって、子どもを孕み、産み育てるという重大な行為を多くの女性は担ってきました。もちろん、今は避妊の技術が発達し、女性にも「妊娠を目的としないセックス」が充分可能です。しかしながら、「港々に女と子どもがいる」といった、ヤリ逃げのようなことはほとんど考えられないし、産んだ子どもを置き去りにする女性はいますが、十月十日はお腹に生命を抱えなければいけないので、身体も精神も大いに呪縛されます。

それゆえ、「セックスの快楽を求め、いろんな男の〝味わい〟を堪能していく」という生き方は、そもそもの意味合いにおいては、社会的にも物理的にもそうとう難しく、まさにアウトロー。ゆえにそういう存在は、「トンデモない女だけど、ちょっとカッコいいなぁ」という憧れになるのです。多くの女性は未だに、親の言うなりだったり、男や子どものために生きる、という風に、他人に人生を決めてもらって生きようとしますが、ビッチの性的自由さはその真逆。女の常識を裏切る痛快さが、ビッチには感じられるところがあるのです。これは「自立」という立場とパラレルにもなっている。

「私がヤりたいからヤる」という性欲を自覚した上での自立したセックスですが、その成就には、彼女の魅力に負けてメロメロになってしまう男たちの存在が必要です。そういう女を頭では全否定するはずのマッチョな男たちを、〝その気にさせる〟外見や手管を持っているというところもまた、ヒロインたるゆえんなのですね。

土地に縛られずに移動し続け、妊娠しない快楽セックスの魅力的表現&実行者である。実は多くの少女は、この手のキャラクターが大好きなのです。まずは『ルパン三世』の紅一点、峰不二子。もともと、男性成人用アニメだったルパンの登場人物中の紅一点は、完全に男性向けの悪女型セックスシンボルですが、実は女の子に非常に人気が高い。かつてそのナイスボディで女性たちの喝采を浴びた藤原紀香も、「イメージキャラは峰不二子」と言い切っていました。

不二子は、グラマーな姿態を黒い皮のジャンプスーツで強調し（当時の男性たちの股間を直撃していた女優、マリアンヌ・フェイスフルを思い出しますね）、単独行動でルパンの前に現れて、彼に協力どころか、分け前をかっさらおうとします。ルパンは彼女にぞっこんですが、不二子は軽くいなす。多分、年に一、二回の極上ご褒美セックスでルパンの男心を支配下においているようなフシがある。

映画化もされた、『タイムボカン』の悪巧み三人組の女王、ドロンジョも同様。子ども向けなのに必要以上のセクシーコスチュームに身を包み、ヤッターマンたちを翻弄する彼女もまたふたりの男（できそこないですが）をアゴで使って、君臨している。男女ペアのヒーローの片割れ、アイちゃんことヤッターマン2号のキャラを完全に凌駕して、カッコいい存在です。また、声優小原乃梨子のセクシーな物言いも魅力的でした。

今の30代から40代前半は、子ども時分にアニメ『うる星やつら』にハマったという人が多い。『うる星』と言ったら、主人公あたるにぞっこんの宇宙人のラムちゃんであり、その出で立ちはグラマーな姿態をヒョウ柄のビキニで包んだコスチューム。不二子やドロンジョはピカレスクヒーロー＝悪女枠でしたが、こんどは等身大のカワイイ登場人物が、女性性全開のセクシー記号満載でアクティブに大活躍したのです。そんな扇情的な姿でウロウロしても、全く〝イヤらしくない〟健康的な女体礼賛は、女の子がセックス可能な女らしい体つきになることを、オープンに肯定的にとらえられるイメージの刷り込みとしては、非常に大きい。

池田理代子が、国民的名作『ベルサイユのばら』の主人公オスカルを男装させた理由は、

70年代初頭には、女性が女性の〝かたち〟のままで、男性と同様に生き生きと人間らしく活躍するキャラがあり得なかったから、という主旨の発言をしていますが、ラムちゃんは男装どころか裸同然。もちろん、彼女は非人間キャラですから、オスカルのような心労に悩むこともない。グラマーな姿態を見せつけても、自由で活動的でお転婆でいられるラムちゃんは、後年、ビッチとなる女性たちの、肯定感のイメージ源泉となっているのではないでしょうか。そういえば、ラムちゃんは鬼族の代表で、人間ではない。そういうところが、ビッチのアウトサイダー感と似ていますよね。

かつて男性たちは『仁義なき戦い』を映画館で観た帰り道は、全員に菅原文太が乗り移り、思わず広島弁でケンカをふっかけたくなったということですが、その女性版は、『仁義なき』から約30年後に登場した『セックス・アンド・ザ・シティ』でしょう。四人の女性登場人物はコンサバでブリッコな伝統守旧派から、実利派仕事人、おしゃれ業界人、キャリア仕事人にヤリマンの最右翼まで、おおよそ世界の働く女性を血液型占いレベルでざっくりと分けたらそうなるというバリエーションがそろっているのですが、皆、揃いも揃ってセックスに関しては素直に欲望を表明。バイブをプレゼントされた、一番保守派の女性キャラがそれにかまけて部屋から出てこない、などというエピソードがギャグまじりで出てきます。

トレンドのプロを自認する大手代理店勤務のある男性は、「こんなのは、ニューヨークの特殊事情だよ」と、この番組を完全に無視していましたが、実際のところはロングテールの大当たり。アメリカでも同様らしく、ニューヨーク以外の保守的な田舎の女性たちが、番組ゆかりのロケ場所を巡るツアーが大ヒットしたと言います。

番組には、「アンタのアソコはニューヨークの観光名所よ」と喧嘩の際に言われてしまう、ヤリマンの番長、ビッチの女王、サマンサというキャラが登場しますが、実のところこのサマンサがこの番組の中で最も女性たちからの人気が高いキャラなのです。

好みの男が現れたら即、ヤることを考え、それを確実に実行し、堪能しきった末、倦怠やらマンネリを迎えると、「ハイ、お次!」と前のめりな行動。彼女にみんながエールを送るのは、セックスを、男からオイシイ利益を引き出すための手口なんぞに貶めず、「好きだからヤる」というピュアな姿勢とライフスタイルにブレが全くないところでしょうね。

その徹底さかげんは、年下のイケメンボーイフレンドがとうとう彼女に結婚を申し込んだときに、それを断るエピソードで頂点に達しました。乳癌にかかったサマンサを、年下男は献身的に看病し、その上求婚するのです。それが日本のトレンディドラマならば、どう考えたってハッピーエンドなのですが、サマンサは彼と結婚して、ほかの男とのアバンチュールを打ち止めにする、という選択はしないのです。「ラブアフェアをしない私は私じゃない」という強力なアイデンティティ。結婚を愛の契約ととらえ、相手に嘘をつくことになる浮気にピューリタニズム的罪悪感を持ってしまうアメリカ女性の、あっぱれな筋の通し方で、浮気は別腹と考えがちな日本人、およびフランス人、イタリア人（ベルルスコーニ元首相）とは、ちょいと感覚が違う。サマンサの選択は、「そんなの女の幸せとして、ありえない」とちょっと前の世代の女には思われたでしょうが、熟年世代の多彩な性愛スタイルのリアルを知ってしまった今では、「こういうタイプもいるだろうなー」と思わざるを得ないのです。

③ビッチが男性社会に突きつけるもの

ビッチを恐れる男たち

女性からの視線と違って、男性によるビッチ叩きは基本的には魔女狩りです。自分たちの社会が壊されるという本能的な恐怖ですね。なぜなら、自分の血統と財産を受け継ぐ家族単位というイエの制度の中で、妻が多方面の性行為でもって他の男の種を宿す可能性があったならば、男の方は誰が自分の子なのか、皆目分からなくなってしまう。妻が宿した子どもの実の父親が敵方の男であり、長じて、母親と謀って自分を殺しにかかる、というような、神話や歌舞伎にあるような物語に対する恐怖は、根源的に男性に備わっていると思います。

古典的な男女関係はやはり、従属とまでは言わなくても、リーダー側の男とフォロワーの女というように、男に従うという規範があるのに対し、ビッチというのはそういった男性社会の秩序に対しては完全にノイズなんですね（どうでもいい話ですが、だからパンクとは相性がいいし、ヒップホップとは必ずしもそうではない）。

またビッチとは、いろいろな男性を知っている、セックスにおける「グルメ」でもあります。そうすると、男性の方は、自分のセックス、そして、男性にとっては重大事の男性自身を比較されるという立場に立たせられてしまう。コトに及んで成就した後、相手の女性が「フッ」と蔑むような薄ら笑いを浮かべることへの恐怖！　そんな目に遭うぐらいならば、そういう比較検討するような女は、さっさとビッチの汚名を着せ、叩いておいた方がいいという合意です。

現在の若い男たちも、ネットなどでビッチ叩きをします。構造不況のしわ寄せは今、若い世代が負っていて、就職難にニートに、明るい希望は全く見えません。特に男性は、上の世代の男性が持っていた既得権が輝かしいばっかりに、その反動は推して知るべしです。その中のひとつに、女の問題がある。

かつては、学校の成績ではかなわなかった優秀な女性も、社会に出ればそれを生かすチャンスがなく、男の扶養のもとに生きる主婦とならざるを得なかったので、そんな女たちよりも、バカで無能でも自分で金を稼いで一家を養える男の方が上である、と男たちは考えることができました。女の方にしても、同じ事情で結婚は死活問題であり、結婚しない女は、非常に肩身の狭い思いをしなければならなかったので、婚期を逃した女は、もらっていただけるならば、どんな男性でもオッケーで選り好みなんぞもってのほか。それゆえに、どんな男でも相手を見つけることができたのです。

しかし、女性が社会進出を果たしている今、男女を問わない実力主義によって、男よりも権力と稼ぎが上の女が、現実的に数多く出現しています。今ではほとんどの女性が、生活のためにどうでも良い男と結婚するよりは、独身の方を選びます。いや、それよりも、そもそも、男性の方が妻子を養うだけの職にありつけていないので、どうすることもできない。

今や、何も持っていない男は、社会的に自分が女以下だと気付いてしまっています。その時に、お金や社会的な力は何も持っていないことはともかくとして、さらに性の力でも選ばれない、ということを認めたくないのですね。

女は男よりも下、という男尊女卑は、今の世の中でもまだ至る所に残滓があります。たとえば友人の、5歳になるそれはそれは可愛らしい男の子は、母親の故郷の熊本で夏休みを過ごしてから、ものすごくマッチョな言動が目立つようになったと言います。なぜならば、男尊女卑の気風がまだ濃厚な九州で、その男の子は東京ではついぞ言われることがなかった、「女っぽいやつは、遊んでやらない」という言葉をもって親戚の子にいじめられたらしいんですね。

近代の日本では、そういう風に男女の高低差でバランスをとってやってきたのに（どんなに最低な男の下にも、まだ女がいるという構造）、それが無化されてしまった。気がつくと、彼らの下に女はいず、自分よりも権力も金も能力もある女が上にいる。そして、その女たちによって、性的な魅力で選ばれるようなことはありえないというタイプの男たちの恨み節は、ビッチに向かいます。ビッチは基本、誰とでも寝る尻軽女なのですが、その行為はもちろん、彼女の主体性にかかっている。彼女たちは、可哀想かつ魅力のない男たちにヤらしてあげるボランティア行為はしませんから、残された男たちの気分は最悪でしょう。

ヒモになりたがる男たち

面白いのが、こういう状況を逆手にとる男の子たちも出てきているというところ。大学の教え子たちに聞くと、驚くほど女に食わせてもらうヒモに抵抗がない。抵抗がないどころか本気で「センセイの知り合いで誰かいい人いませんか？」とギャグまじりで積極的に売り込んでくる始末。

もちろん、彼らは役者やミュージシャン、作家のタマゴであり、そういった職種には、パトロン的姉さん女房は昔からいがちではあったのですが、今や面倒くさいことを通りこして、セックスと金銭援助をバーターにする、愛人、ヒモ関係志願は半ばマジ、なのです。

また、これは性的に〝リアル充実〟した若い男性からの意見ですが、年上のビッチから誘われて、いろいろとセックスについての手ほどきをしてもらう、というのは、男性にとって理想型なんだそう。「ベテランのコーチについてもらわなきゃ、オリンピックに勝てませんから」とわけの分からない理由付けをした輩がいましたが、ビッチに対して背手の豊かな経験者という憧れを持つ若い男性たちもいるということです。

ニューマッチョの登場

アメリカでは男女の雇用が逆転しつつあって、男性にはとにかく仕事がありません。そういった中で、80年代以降、ずっと嫌われ続けていたマッチョが復権しているという話を聞きます。しかし、それは旧来のマッチョではなく、仕事ができ、男らしい体力もあり、その上で、家事も子育ても全部こなして、パートナーの女性を庇護して、すべてを男として支えることができるスーパーな存在。働いて、収入とキャリアを得るようになった女たちの王子様になれるような存在ですね。典型的なロールモデルは、ブラッド・ピット。セックスもドラッグもいろいろと経験済みの元ビッチともいえるアンジェリーナ・ジョリーの年貢を納めさせ、かつ、養子も含めて六人の子どものお父さんを立派にこなしているところも、このニューマッチョの面目躍如たるところなのです。実際、今の尺度で、権力も金も女性も得ることができる〝男らしさ〟のトップは、「草食の皮を被った肉食男」たちで、希少なこの種の男たちをゲットするべく、女性の間では争奪戦が始まっていると言っていいでしょう。女たちはアンジーのように、「私のビッチぶりを打ち止めにさせて！」と訴えかけているのかもしれない。

男女の入れ替えがデフォルトになってくると、旧来的なバカマッチョに一票入れたくなってくるのも人情というもので、エンターテインメントやファンタジーの世界では、筋肉隆々の戦士たちが以前にもまして人気があります。しかし残念ながら現実には、そういうタイプの男は知的情報化社会では権力を得ることができないのです。

女が男に求めるものとして、もうひとつ父性というものがあります。かつて、高度経済成長期の男性は、仕事に入れ込むあまり、子育ては妻にまかせっぱなしで、結果、家庭は母子家庭同然で、父性は無いも同然でした。そのことの反作用か、ハウスハズバンドを掲げたジョン・レノンの影響か、子育ては男も多いに参加すべきものとなっている。最近の男性の育児参加の熱を見る限り、そこにこそ男の立つ瀬があるようにも思われますが、実際には、子どもの前に対立する父性的な父性というよりも、母親がふたりになったような子育ての姿が見られるのです。

男を共有するという選択肢

現在、まだまだ、つがいの恋愛ファンタジーは強く、女性は自分も含めてパートナーの浮気を認めないという建前が強いのですが、その一方で、ダブル不倫を続けて非常にうまくいっているカップルや、愛人関係をおきまりのドロドロに陥らせずに続けている関係も、少なくはない。

いい男がいない、と愚痴るのは、トウの立った独身女の飲み会のお馴染みテーマですが、そこではよく冗談交じりに、「いい男をひとりの女が独占するのはもったいない」という話が出ます。稼ぎも才能もあって、容姿に恵まれ、人間としてのスケールも魅力もある男がいた場合、その男と愛人関係を続けてその男の子どもを産むのか、稼ぎも才能もなく魅力もないがかろうじて結婚という形式をとることができる男を選ぶのか。世間体さえ気にしなければ、ホンネでは前者を選ぶという女性は少なくないのではないか。

考えてみれば、「源氏物語」の世界も、生霊になった六条御息所の嫉妬をのぞけば、源氏の君というひとりの男を、女性が共有していたわけですからね。実際には、韓流を本気で追っかけるいい年をした女性たちの間には、相手がスターという点を割り引いて見ても、独特の連帯感があり、一夫多妻制に近い意識のようなものが薄く広まりつつあるように感じることがあります。「もう、ひとりのスーパーな男との甘い一夜とその結果のベイビーができればそれでいいの」というような本音は、実際のところ男にとっては恐怖でしょう。

ビッチがビッチをやめるとき？

ビッチに終止符が打たれるときはあるのか？　まずは、「冷感症の女がビッチになる」と今まで多くの色事に長けた男性たちが主張してきたセオリーに従えば、冷感症が〝治った〟時に、ビッチ行為はストップするだろうという予測。

どういうことかと言えば、女は自分を充分満足させてくれる、イカせてくれる男がいれば、その男が最後の男になるという考え方ですね。何人もの男と性体験を重ねるというのは、そういう快感の境地に至ってないからだ、という。これは、種付けしっぱなしで身軽な男性と、妊娠して子どもを産むことになる身重の女性という身体特性から、いともたやすく導きだされ得る考え方なので、信用おけないな、と思いきや、本誌別ページで登場していただいたビッチの代表者のひとりが、実際、「毎回のセックスで、絶対にイかせてくれる」男性と結婚し、ビッチ行為を止めにしたという件もあるので、あながち嘘ではないようです。ただし、彼女がビッチを中断したのは、モラルではなく、あくまでセックス上のエクスタシー方向の快感合致ゆえ。セックスには他の要素もあるので、結婚二年の彼女が、この後、夫とのセックスに飽きが来た場合には、どうなっているかは、神のみぞ知るところ。

もうひとつは自然の摂理というもの。身体の欲求としての性欲は、アラフォーでマックスになって以降、更年期に入ると同時につるべ落としの夕陽のように減退していきます。オナニーをしてもイクまでの時間が非常にかかるようになり、途中で寝てしまうこともある、という境地に達した場合、つきものが落ちたようにビッチ行為を止めることもあるでしょう。

しかし、セックスは身体だけでするものではありません。更年期を迎え、妊娠の心配もなくなり、自分を縛っていた甘ったるい恋愛幻想からも、セックスにおける世間の陳腐な常識からも、年齢を経た賢さで離脱したところで、逆に今までビッチ行為のできなかった女性たちが、今度は意識的にそれに走る可能性は大いにあります。

雑誌の「婦人公論」が、中年期以上の女性を対象として出した『快楽白書』という別冊はヒットを飛ばしシリーズを重ねていますが、その中に頻出するのは、「子育ても終わって、気がついてみたら、夫からも世間からも女扱いされず、セックスについても全く今まで満足を持ったことのない自分が更年期を迎え、このまま老人になって死んでいって、人生悔いはないのか？」という叫びです。テレビをつければ、「これが50代？」と信じられないほど若い外見を保っている女性の実例が目に入ってくるし、ネットでエッチ方面を検索すれば、自分とそんなに変わらないような体型と容姿の熟女が堂々、AVマーケットでは流通している。収まってしまった性欲というものは逆に言えば、かつてと違って頭でコントロールできるわけで、恋愛や男女間のよしなし事にまだまだ快楽を得たいという女性（特に文科系）は、意識的にビッチ行為を仕掛けてもいきそうです。

知り合いの40代後半の既婚女性は、新大久保あたりを打ち合わせ帰りに歩いていたら、大学院生（学生証を見せてもらったと言います）に、「お茶しませんか？」とナンパされ、良い感じの男の子だったのでそのままホテルへ直行して、コトに及んでしまった、とのこと。ケータイなど一切の情報を交換せず、その場限りの関係だった。文字通り〝行きずり〟セックスです。彼女のことを長い間知っているコチラとしては、その真面目なキャラと行為とのギャップにひっくり返ったのですが、いつの間にかセックスを快楽と割り切り、ワンナイトスタンドも辞さなくなっていた彼女自身の変化が読み取れて面白い。

この話を、他の同世代の女性に話すと、ほとんど全員が、彼女の女としての現役感に「ウラヤマシー」の大合唱。女性であることをアイデンティティの大きな核にしているタイプは、「頭で行う中年以降のビッチ行為」に傾倒しそうです。

結婚ですれ違う性欲

結婚という制度自体にビッチ行為を止めるモラル作用があるかと言えば、これは日本の場合、あまり期待できない。先ほど、例に出したアメリカの人気TVドラマの『セックス・アンド・ザ・シティ』中、最もビッチ度の高いサマンサは、結婚したらもう不特定多数の男性とラブアフェアができなくなってしまう、というモラル心から、大変良い条件の恋人との結婚をあきらめましたが、この部分に「そりゃ、ないだろ」と違和感を持った女性視聴者は多いはず。そう、日本人は、建前と違って、結婚にそこまでの潔癖さを求めておらず、浮気は発覚しなければ、また、家庭に波風立ててくれなければ、事実上は黙認、ということなのではないでしょうか。

子どもを産んで、家族を持ちつつ、ビッチな女性もいます。

海外の常識では、夫婦間のセックスは生涯愛を確かめ合うために努力してでも続ける義務的行為であり、セックスレスは真に離婚の原因にもなりえる。対して日本のセックスレス男女にその理由を聞いてみると返ってくる答えは、「だってもう、男と女じゃなくて家族になっちゃったから、セックスできない」というもの。現代の常識的な日本人において、セックスを続けていくために、恋愛以外の内的動機を見出すのは非常に困難なのです。それを結婚関係の終わり、と、ドラスティックに判断して、関係解消＝離婚、とするのは、大変に筋の通った話ではありますが、この日本ではあまりよく耳にすることではない。人並みではない、という意識が疎外を生む日本では、こういうパターンはおこりにくい。

精神的ではなく肉体的な動機としてみると、同世代もしくは年上の男性と結婚した場合、女性の性欲が心身ともに最も亢進する40歳前後に男性の方は、すでに性欲が減退しているという、タイミングの不一致は大きい問題です。妻がヤル気マンマンで、夫はもうその意欲がないという場合、妻は外の男性に向かい、出会い系の常連になる、ということも考えられる。その場合、深入りを避けたいがゆえに、不特定多数と逢瀬を重ねるようになれば、その行為は充分にビッチです。結婚して、セックスが恋愛幻想から自由になり、自分の性欲とリアルに向き合えるようになったがゆえに、その満足を純粋に求めるべく行動した結果なのですがね。

性欲はエネルギーでもあるので、それがセックスに行かずに夫への八つ当たり的な暴力に行く人も、この年代には少なくない。女性でずっと主婦をしていて、子育ての目処が見えてきた40代で起業して成功、という女性は最近少なくありませんが、それは性欲エネルギーを上手く仕事に転換した例なのではないか、とも思ってしまいます。

④ビッチ生態百景

目に見えるビッチたち

リアルビッチの実像は、いったいどうなっているのでしょうか。

外見が娼婦＝ビッチのような女性は、ちまたに溢れていますが、それがビッチに結びつかない、ということは前述しました。それどころか、今の時代、彼氏やパートナーがいたとしても、不特定多数の男とセックスをやりまくるビッチは、外見上は実は一般的にそれと見分けが付かないことが多いのです。これは、見た目はその辺のオバサンだが実はスゴ腕の刑事、という市原悦子主演のサスペンスドラマのごとく。このあたり、そういうビッチと実際にイタしたことのある男性にいろいろ話を聞いてみると、いろいろとその行動やらに共通項が浮かび上がって来ます。

たとえば、複数の男女の気軽な飲み会のような場合。そのビッチの出で立ちはと言うと、セクシーの記号は全く見つけられず、人並みにセンスの良い感じ。しかし、宴もたけなわになってくると、その女性は、あまたいる男性の中で自分だけに特別なシグナルを送ってくるらしいのです。たとえば、「この間見つけた、ナイスな飲み屋」の話をしていたとしたら、「今度、連れて行って下さいよォ〜」とか、「それだったら、私もこれこういう店を知っているので、絶対に気に入ると思うから、今度誘ってイイですか」といった、ちょっと突っ込んだ話をじっと見つめて話してくるのだそう。

それで、男の方が脈ありと誘った次のデートでは、会話がそれとなく、お笑いの下ネタ混じりから、友達の体験談とかエッチな方向に行って、自然と自分のセックスを匂わす方向に行って、その流れで即ホテルに行くことになるらしい。というように、気がつくと彼女主導にて、〝イタす〟流れをつくる達人だということが分かります。その後のセックスについては、一回こっきりのときも、それから数回続くときもあるようなのですが、絶対にステディな彼氏彼女の関係には陥らない、というのがミソ。ビッチとは、あくまで性の飽くなきハンターであり、普通の女性にありがちな、行為を通じて相手に執着ができたり、相手と精神的に深い関わりを持ったり、支配したりされたりの固着関係には、陥らないという才能の持ち主なのです。

知り合いの中年モテ男性に聞いた実話としては、こういうものもありました。彼が久々、かつての仕事仲間三人と飲み会を計画したところ、そのうちの一人がバイトの女の子を連れてきたそうです。モテ男はその子が気に入ってしまい、デートをし、セックスし、不定期なセフレ状態が暫く続いた後、自然消滅したらしいのですが、また、久々にくだんの仕事仲間三人で飲んだときに、例のバイトの彼女の話になった。と、その場で判明したのが、彼女は自分だけではなくほかのふたりともセックスをしており、もっと凄いことには、連れてきた張本人が、ある日外出先から深夜、オフィスに帰ったところ、何やら休憩室でただならぬ物音がするので覗いてみたら、彼女がふたりのバイト君と3Pをやっていたのを目撃してしまったという顛末。

「でも、その話を聞いて、嫌な気はしなかったねェ〜」

とは、知り合いの談。その理由について深く聞いてみると、「気に入った男とセックスしたいからする」という彼女の純粋な欲望のパワーに圧倒されたからだ、と言います。彼の話だと、セックスに対して「してあげたんだから、何らかの見返りがほしい」というような無意識の援助交際的な考え方を持ってしまう女性はまだまだ多く、その点、彼女の態度は非常に清々しているから、ということ。その言葉からは、「女性もその人格とは関係なくセックスの快楽に貪欲なのは当たり前だろう」という健全な眼差しが感じられます。

「クレバーヤリマン」

本書第三部にも登場する性風俗ライターの松沢呉一さんは、そういうタイプのビッチを指して、ヤリマンならぬ、「クレバーヤリマン」→「クレマン」という言い方をしています。セックスを快楽もしくはコミュニケーションの一つの方法として割り切り、自分の性欲を抑える方ではなくコントロールするかたちで、ひとりの男性にとらわれずに多くの男性とのセックスを自主的に楽しむ、というのは、まさに自立系ビッチ。ただし、松沢さんの実感としては、現在の女性が置かれた文化風土と生活環境においてこれが実践できるようなビッチは少数派で、「これはひとつの才能」とまで言い切っています。

その少数派として私が知っている女性のひとりは、世の中で言われているビッチ像とは全く真逆の風体で目の前に現れました。とある男性誌の連載を通じて出合った彼女は、その紹介者をして「最強のモテ系」という触れ込みでしたが、その外見は、小太りでショートカットでなんとノーメイク！ 全身無印良品といった、エコ系カジュアルに身を包み、フラットブーツを履いている姿は、全くどころか、性的記号はひとつもありません。

しかし、彼女のその時の男女関係はと言うと、妻子を投げ打って彼女のアパートに転がり込んできた年上の男性と同居中。そしてそれとは別に、彼女は定期的に会ってデート&セックスをする、これまた年上の会社経営者がおり、彼女を慕う年下の男性数人と気が向けばセックス、さらに、友達に誘われて遊びに行ったレズビアンバーで知り合った女性からの猛烈アタックを受けて、しばらくつきあっていたというビッチぶり。彼女と話をしていて感じるのは、決して刺激的ではないが、快適に会話を紡いでいく飾り気のないクレバーさと、その声のトーンの心地よさです。もう、会って話して10分ほどで、非常にこちらがリラックスしてくる。心理学によると、実は「セックスしたい」と相手に思わせるのは、強引なムードではなく、リラックスした雰囲気の方、という実験結果があるようで、まさに彼女はそれを無意識に実践しているのでしょう。

彼女は田舎で少数の女性生徒しかいない高等専門学校を出て、すぐに上京して建築の仕事の現場に入ったというクチ。開放的な両親のもとでスクスク育っており、恋愛やセックスについて耳年増な女の子たちのようなよけいな情報も入っておらず、そのため、セックスにおける夢見がちな幻想にも、それと裏腹のダークサイドにも、染まることがなかったということが分かります。

奇跡的にも彼女の中で、自分の内面から沸き上がってくる健康的な性欲は否定されることがなく、彼女に想いを寄せる人たちの欲求と結びつくならば、それは即、セックスという関係を結ぶことを当然とする、という、まるで神話の世界のような生活が浮かび上がってきますね。

ちなみに彼女の場合は、その無印な出で立ちは天然ですが、自立系ビッチの人たちというのは、いわゆるビッチな、セクシー記号に充ち満ちた装いは一切、しないとみていい。なぜならば、彼女たちは、その奔放なセックスライフが、世間的におよそ歓迎されず、負の烙印を押されてしまう危険をよく知っているので、表向きは良識ある普通の女性の出で立ちでカモフラージュしようという防衛本能が働くからです。またその豊富な体験から、挑発的なセクシー外見に実際には腰が引けてしまう、日本人男性のデリケートさも充分に理解していると言っていいでしょう。

恋愛狂ビッチ

自立系ビッチのセックスは、あくまで自分の興味や性欲ありきの快楽追求。そのことと、恋愛という精神性や、つきあうという関係性の絆とは別個のものという考え方ですが、セックスを恋愛の一大ツールと考え、恋愛の名の下にビッチ行為を展開するタイプもいます。題して、恋愛狂ビッチ。

このタイプは、恋愛相手を〝運命の赤い糸で繋がった〟宿命の存在とみなし、それ以外の相手とは性的接触を持たない、という近代のロマンチックラブの信奉者です。その恋愛幻想が強すぎるため、現実の相手とは、燃え上がるような恋愛感情がなくなったとたんに、関係解消ということを続けるがために、ハタから見ると十二分にビッチであるということになります。

実際の男女関係は、燃え上がる気持ちがだんだんと信頼や穏やかな情愛に変化していくものですが、このタイプはそうなってしまうことを物足らないと考えるわけです。だからある意味、非常に生真面目。短期間で目まぐるしく男を変えていくのですが、もちろん、ロマンチックラブによるひとサオ主義なので、その間の浮気はナシ。関係が燃えなくなったとたんに勝手に幻滅されて、去られるので男性にとっては、なかなか意味不可解なビッチでもあります。

若くてまだまだ、「いつかは王子様が」というロマンチックラブの枠組みに疑いもないころには、この〝短期間で目まぐるしく相手を変える〟という行為を普通の女性でもやってしまうものですが、それはたいてい打ち止め期がやってくるものです。恋愛狂ビッチの称号を得られるのは、それがいい大人になっても止められず長期間行われているから。本人には精神的な恋愛ありき、の真面目な行為なのに、ハタから見ると、とにかく男遍歴が多くステディが定まらないビッチという具合になってしまうところがツライ感じではある。ハリウッド女優のエリザベス・テイラーは、こういった恋愛をすべて結婚というゴールに結びつけて、ロマンチックラブを形の上では成就させたあっぱれな女性ですが、形だけをそうと決めても、ひとりの男と生涯添い遂げることを良しとする良識から見れば、やはりビッチ感は否めません。

意識の上では、自立系ビッチのつもりでも、実際にはセックス関係にこの恋愛幻想を寄り添わせてしまうパターンも多い。身体だけの関係だったはずなのに、回を重ねていくうちに「身体だけの関係だったの？」と真逆のことを言い出す面倒くさいビッチでもあります。何もこれは、悪いと言っているわけではなく、セックスというものが単に肉体の快楽に留まらず、非常に精神的に影響を及ぼす身体体験でもあるということを現している。

このあたりは、現代のハリウッド青春映画の人気テーマらしく、アシュトン・カッチャーとナタリー・ポートマン主演の映画『抱きたいカンケイ』のストーリーは、セフレと割り切ってつきあっていたはずの女性が、いつしかセフレ男子の女性関係に嫉妬するようになり、ついには恋愛だと自覚しハッピーエンド、というものでした。自立ビッチはある種、女性にとって憧れですが、セックスと心の関係は不可分のところがあり、恋愛とはこうあるべきというイメージは強固で、セックスに絡め取られずに生きる、その境地に立つことはなかなか困難なのだと思います。

自己承認欲求系ビッチ

世間一般の男女間のセックスは、たいてい男が女（の身体）を求める、という形をとります。「自分が他人に求められる、必要とされる」欲求は、人間が健康に日常生活を送る上で欠かせないものですが、それが個人の内面の能力、個性とは無関係の、セックスの対象としての肉体だとしても、ある意味大いに満足を得ることができます。逆に自分の努力や才能とは関係なく、自然がそう成長させてくれた自分の肉体を、男たちが〝欲しい〟と欲求をぶつけてくることの快感は、それがまごう事なき実の我が身、とすれば、こんなに嬉しい承認はない。

劣等感の塊で、社会的にも強い立場ではなく、他人とのコミュニケーションがうまくいかないようなタイプの女性は、通常ならば社会の中で、非常に強い孤独を感じて生きていかなければなりませんが、そこに、セックスというオルタナティブなパスが入った場合、図らずも、男性からの「アナタが欲しい」という欲求エネルギーを一身に受けることになります。しかもそれが、言葉だけではなく、肌と肌との触れあいによる慰安や快感を引き出してくれるとなれば、もう、ひとつの「生き甲斐」のようなアディクト＝中毒状態になってしまうことは、避けられないかも。ＡＶ関係者のインタビューを読んでみると、女優業をそういった〝セラピー〟の場のようにして、依存してくる女性が少なからず存在することを知ることができます。

自己承認系ビッチにとって、セックスは快楽だけのものではなく、「私のすべてを男が受け入れ、愛してくれる正念場」ですから、もし、つきあった場合は男の方が少しでも、そのセックスに飽きたり、冷たい態度をとった瞬間を決して見逃さず、相手を責めるか、自分を責めるかして苦しみながら関係を解消することになる。その愁嘆場の辛さを何度か経験すると、長期につきあうという関係はハナから求めず、必ず「男が自分を全身全霊欲しがる」ワンナイトスタンドに近いセックスを求めて、男遍歴を始めるようになるのです。

男は女に認められなくても〝男〟であるが、女は男に認められなければ〝女〟にならない、という言い方がありますが、どんなに内面を充実させ、才能を磨き他人から評価されても、男に求められない＝男の性欲を喚起しない女性は、不安定感、コンプレックスにさらされる傾向が大いにある。キャリアのかたわらで円山町の街頭に立って娼婦をしていた東電ＯＬが殺されてしまった事件は、桐野夏生も含め、多くの作家が小説や論考を発表しましたが、それほどまでに「男に求められる女としての自分」の承認欲求というものは、女性にとって大きなファクターなのです。

「悪いけど、無理！」

どう努力しても、ムスコが立たないような相手に対して、男性が言いがちなこの軽口は、その男性側の軽快さに比べて、女性にとっては恐怖に近い響きがある。そう考えてみると、この自己承認ビッチは、男に求められる女の部分を強化育成して、その〝無理〟を限りなくゼロに近づけ、男が自分を欲しがってくれればオッケーで内面や実力関係ナシの、片肺飛行宣言ともとれますね。東電ＯＬが、キャリアという実力方面も、欲情される女の部分も、両立しようともがいたのとは逆の一本足打法。面白いのは、若い世代には、今度は欲情される〝女〟の部分を無視して、処女のままアニメや韓流にうつつを抜かすという、女を捨てた一本足打法の女性たちも出てきていて、とにかく両極端になってきてもいること。

事故承認系の場合、セックスに負わせるものが快楽などというものを越えて、存在理由やら唯一のコミュニケーション手段やらになっているので、重すぎて本当に大変です。自立系ビッチならば、「私の身体だけが目的なのね」というのは大歓迎ですが、自己承認系ビッチだとそのように自分では納得していたはずなのに、いずれそれ以上の承認欲求を男に対して求めてきそうな気配が濃厚（一本足打法は不安定だし）。そうなったとき、男との関係をどうつくっていくかに関しては、なかなかの困難が予想されます。

イデオロギー系ビッチ

70年頃までは、アメリカやヨーロッパを含め全世界的に保守的な性規範が席巻していました。処女性が女性の財産であり、価値であり、女性は夫以外の男に身体を許してはならず、性的に活発で性体験の豊富な女は「公衆便所」という烙印を押されました。そこから、中絶の自由を旗印に「女の子宮は女自身のもの」というスローガンを中心に、性の規範から女性を解放しようとしたのが、フェミニズム運動です。

なので、ビッチとフェミニズムは実は相性が良い。女性にとってのセックスを、結婚して養ってもらうための代償行為としたり、子どもを産むためだけの一方的な行為と限定することから脱却させ、個人の女性がそれを望むならば、いろんな男とセックスして、それを大いに楽しんで、あるときは子どもを産んでも良いし、そうでなくても良い、としたのは、この運動のたまものといっていいでしょう。

逆に自立して自由な女を理想として目指すならば、そういった、セックスライフをこなさなければいけない、というわけで、イデオロギー的な側面から、ビッチを目指すという動きも出てきます。実際、ウーマンリブの世代の女性たちは、政治的にラディカルであろうとしたのと同様に、性的にもそれを目指したものですが、現在その枠組みは、フェミニズムのそれではなく、「自立したオトナの女」という憧れのライフスタイルとイメージに取って代わられています。前述した自立系ビッチと行動の仕方は同じですが、彼女たちを突き動かしているのは、性欲のエネルギーではなくて、イデオロギーという観念です。これをイデオロギービッチと呼ぶことにしましょう。

しかしながら、当時ラディカルに行動したフェミニストたちの中で、イデオロギービッチを実践し切った女性というのはあまり聞いたことがない。それどころか、当時のフェミニストたちは、女を妻と娼婦に分断支配したとして反対していた一夫一婦制の結婚の方に突き進んでいった、と、当事者たちも言っている。その理由として、あるフェミニストは、カップルに子どもができた場合の、日本における婚外子差別のハードさ（財産の分与が婚内子の1／2）をあげて説明しています。産みっぱなしはできないし、シングルマザーで子どもを育てることの社会からのアゲインストとヘルプの無さを考えると、現状の結婚という制度を利用せざるを得ない、と。子どもという現実を前に、イデオロギーが屈したわけですね。

一方、「憧れのスタイル」系も、これがまだバブル期で女性の自立と自由&快楽がもてはやされていた時代ならば、追い風もあったでしょうが、職もなく、経済低迷のしわ寄せが女性に辛く当たり、なおかつ、少子化を憂える世論の、出産と子育て大絶賛の風潮の中では、それが全くかつての輝きを失っている。どちらにせよ、イデオロギービッチは、そういった動機だけでは、旺盛なる性行為を続けられなくなってしまうということは、容易に想像できます。

ただ、このイデオロギー系というものは、全くなくなったり、否定されたりしたわけではなく、ビッチ実践者を「私には無理だけど、否定しないし応援する」という女性の中のコモンセンスとして存在しています。

その証拠に、奔放に男性遍歴を重ね、歳を取ってからも振り袖を着て、女性であることを楽しんだ作家の宇野千代、若いときに夫と子を捨てて、夫の教え子と出奔し、多くの男性と浮き名を流した瀬戸内寂聴、また現代では、男性からの札束のプレゼントを愛の証拠として歓迎し、セックスの快楽をワールドワイドにむさぼり尽くす叶姉妹は、女性に圧倒的に支持されています。

ではなぜ、イデオロギー系のビッチは当事者がそれを全うできないのか？　これは、そういった方面に関心を持つ女性の多くが高学歴であり、従って、教育熱心な両親によって近代的な家族規範のもととなる〝性の良識〟をたたき込まれたことが、ひとつの理由なのではないでしょうか。頭では性の自由を理解しながらも、どうしても、実際の行動になるとその規範がタブー感としてストッパーをかけてしまうという。また、学生運動が盛り上がり、もちろん表向きは反体制を掲げていた相手の男性たちの意識が、まだまだ保守的な男女関係を求めていた、というセックスの相手方の問題も大いにあったと思います。

外人好き系ビッチ

日本に駐留するアメリカ兵を中心に、ラブアフェアを仕掛ける、対象が欧米外国人の女性たち、いわゆるブラパン（この対象は黒人男性）は、非常に判りやすい形で存在しています。彼女たちが出没してボーイハントをするのは、外国人男性が遊びに繰り出し、ガールハントにいそしむ場所。福生や座間周辺のバーだったり、古くは山田詠美がかつて出入りし、小説のモチーフにその様子が出てくる横浜のサーカスなどなどのディスコや、90年代ならば六本木のガスパニックなど。彼女たちの出で立ちは、そういった女性たちが現れた70年代から、ビッチのイメージそのままのセクシー記号丸出しのファッションです。

基本、単独行動のビッチですが、このジャンルだけは、場が固定されているのと、ある種、日本人としては特殊な性癖、そして独特の文化コードをまとう（英語を話し、彼らの好みに合わせる）ことになるので、情報交換もし、かつ仲間意識もあるというグループを形成します。そこでは、古参、新顔との間にヒエラルキーもやんわりとあり、「必ず挨拶をする」などの上下関係ルールもあると言います。

本命の彼氏を見つけるために、という大義名分のあるタイプもいて、実際にゴールインして、ハッピーエンドということもありますが、駐留する兵士自身にとっては、日本は立ち寄り先ですから、一過性の遊びという感覚が強い。それを女性たちも分かっているので、つかの間の肉体関係を続けていく、という方が通常です。ただ、つきあう、というステディな意思表示が示されカップルになった場合、浮気は御法度ですし、そのあたりは日本の普通の恋人関係と変わりません。いや、それがばれたときの修羅場は女同士の派手なケンカになると言うので、日本よりもハードコアです。

彼女たちの中には、学生時代は地味で全く目立たなかったというタイプが少なからずいます。思春期の初めから、ガンガン日本人男性とつきあっていて、それに物足りなくなって、というタイプは実はあまり見られない。真面目な非リア充がこういう形でリア充になるということは、そこに何らかの本来の自分を切り離すコスプレ感覚のような棚上げ装置が入っているとみていい。その棚上げ装置とは、もちろんのこと〝欧米〟です。明治の開国以来、日本人の心根にどっかり居座っている、欧米コンプレックスの裏返しですね。「〜ちゃんが結婚して、夫の転勤で九州に行っちゃった」と言うよりも、「外人と結婚してロス在住」の方がイバリが効くというのは現在においても変わっていない。

ヤル気マンマンのガイジン男性たちがいて、そこにいかにもの格好をして行けば、素人同士がその夜のセックスの相手を見つけることが出来る、という暗黙のルールが確実に成立している環境ですが、日本人同士の男女のコミュニケーション文化では、ついぞそういう場が出来ることはありませんでした。いわゆる、ナンパしやすい「ヤリバコ」と言われるディスコやクラブはありますが、そこにはもちろん、そうではない女性もいるし、女性の方もまあ、「良い出会いがあったらそれでもいいけど、別に、どうしても、というわけじゃない」という逃げが用意されている。

この違いを考えるときに、〝場〟に意味が多く発生する欧米の階級社会の存在は避けて通れません。イギリスの居酒屋たるパブは、かつては女人禁制であり、階級によって出入り口が違うなどの区別がありました。一方、バーは大人がプライベートに酔って、ハメを外すことが公的に認められている場です。海外の空港に行くと、酒を出すバーだけが照明を暗くして、西部劇のサルーン風のアナクロで判りやすい酒場インテリアにしているのは、その場をやはり日常と区別しているからです。

酔っぱらうという行為と同様、異性との出会いを求めるという行為も、それが下半身に絡むことなので非社会的でプライベート。バーにひとり、または、カップルではなく同性同士で行く場合、そういうヤカラは異性との出会いを、大いに期待してるはず、という常識が横たわっているのです。それを完全に出逢い系に特化したシングルズバーは、映画『ミスター・グッドバーを探して』という映画にもなりましたね。それでなくとも、ハリウッドの恋愛映画で、さんざん描写されている、バーでのナンパ行為は文化デフォルトであり、そこに行く男性はその気にならなくてはいけないし、ましてやそこに行く女性も同様、というトーン&マナーが存在すると言ってもいい。人格の公私を〝場〟で使い分けるシステムがある欧米と、そのへんの境目がなく、強いて言えば、コスプレぐらいか、という日本の差は大きい。前者の方が、自らの性的なものを自覚し発散させることがラクなのは明らか。なぜならば「話が早い」。日本の〝場〟が、合コンのようにこれまた、逃げ場の多い曖昧な状況しかないのに比べて、精神衛生上スッキリして良さそうですよね。

ちなみに、かつてロスやニューヨークで寿司バーが流行ったときの理由は、「寿司のカウンタースタイルは、シングルの男女が〝ひとり飯+飲み〟を異性ハントの強迫観念無くできる場所」だったからなのです。ナンパされる、いや、しなくてはいけない、という面倒臭さを、カウンタースタイルの寿司が、固有の文化として払拭してあげた、ということは、草食男子を世界でいち早く出現させた(?)日本の面目躍如と言えるのでは?

「日本の男って最低!」

基地の米兵に群がる真性タイプのほかに、バリ島やタイ、韓国など、特定の国の男性にハマりその旅行先でラブアフェアを繰り広げるタイプもいます。かつて、「イエローキャブ」であるとか、「リゾラバ」であるとかの生態がマスコミで話題になったことがありますが、彼女たちの言い分はただひとつ「日本の男じゃ、もの足らない」。

歌川春信の春画にあるように、華奢で毛深くもなく、筋肉もあまりムキムキに付かず、女性との大差があまりない日本人男性より、その逆で男ムンムンの肉体を持つ外国人男性がイイという単純な理由もあるからでしょう。また、旺盛な性欲を日本の社会で発揮するには、自分の社会的な立場を危うくする可能性もあるので、後腐れの無い相手として外国人を選ぶというのもある。外国人を外の国の人と言うがごとく、治外法権感があるので、いろんなモラル、しがらみがなく自分の欲望に忠実になれる、というわけですね。

日本の女性は小さい頃から、恋愛、ロマンチックラブの物語を浴びるほど聞かされて、その夢を現実化したいと思っているわけですが、日本の男性の方には全くと言って良いほどそういう教えも無く、また、文化としてもカップル文化はなく、そういった日本女性の要望に応えられる器がそもそもほとんど存在しないのに対して、外国人の男性の文化の中には、それが様々にある。

そもそも、日本の男性の持っている、女性に関する一般的な分類は、性に目覚めていない「少女」と、セックスの主体とは考えにくい「お母さん」に、自分の子を宿す可能性のある「若い女」。加えて、性に深くコミットしている女性は全部商売女、という考え方だったわけですから。

今ではそういった常識は覆されつつありますが、こと自分のパートナーである異性を男性が選ぶという段になると、まだまだこれが頻繁に顔を出す。要するに、処女に近い若い女、イコール経験がなくて、子どもを産む可能性が高い女性が選ばれがちなのです。

この間、テレビで面白い実験をやっていました。年齢を明かさない20代から40代の女性五人と20代後半の男性（日本人グループと欧米外国人グループ）の合コンを開催し、休憩後に今度は個々の年齢を明かした上で、知る前と後との女性の一番人気を探るというもの。

それで判ったのは、日本の男性はまだまだ若い女性至上主義だということ。ひとりの40代女性が、グループの中では最も可愛く男好きするルックスで、年齢を隠して行なわれた前半では、日本人男性チームには彼女がダントツ人気だったのに、年齢オープン後には、一転して最下位に。対して、外国人チームでは、年齢を明かされる前には人気三位だった彼女が、40代とわかってからはダントツ一位になったということ。

外国人の方のコメントを聞いてみると、「年齢の割にこんなに若さや美しいルックスをキープしている精神がカッコいい」だったり、「人生経験が豊かで、話していてもとても面白い」というあたり。対して日本人男性は「がっかりした」の一言。当の40代女性に感想を聞くと、外国人の方は、40代とバレてからの方がよりいっそう話が盛り上がったのに、日本人の方は話しかけてくれる人も減り、その話の内容はというとすべて年齢のことばかりだったと言います。結果を知らされた40代女性は、「ホントに日本の男って最低！」と吐き捨てるように言っていましたが、この言葉がすべて、対象を外国人にしぼってラブアフェアに励むビッチたちの、本音を言い表していると思います。

女性の恋愛幻想に応える外国人男

多くの日本人男性にとっての恋愛というものは、好きな子とセックスや結婚をしたい場合に、相手の女性が恋愛という作法を求めているから、こちらもちょっとは学習して要望に応える、というぐらいのものでしょうから、基本、あんまり乗り気ではなく場当たり的なものと考えた方がいい。しかし、海外の男性の多くにとって、〝男〟のアイデンティティのひとつには、「女性を愛し、守ること」があり、またそれを教育されもしていて、恋愛の物語の王子様部分というものを少なからず意識しています。

女性の恋愛幻想の物語の中には、いわゆるレディーファーストを常々実行してくれて、なおかつ、具体的な愛の言葉でコミュニケーションを取ってくれる、「恋愛状態において男らしい男」という理想型があるので、それを現実的に自分にやってくれる相手は？と考えた場合に、対象はやはり外国人ということになる。

彼らには、理想やバーチャルの力を借りずとも、現実の女性に別段幻滅することなく人間として対応し、セックスする。日本でも最近になってオープンになってきた、女性の性欲とその自然な発露であるオナニーについても、バイブレーターがテレビ通販で売られていたり、「女ももちろん人間であるならば、性欲があって当然」と考えますから、同じビッチ行為を繰り広げるとしても、男性からの視線に蔑視がない分、外国人相手の方がずっといい、という意見も彼女たちからは、出てきます。

ブラパン女性の言によると、彼女たちの仲間には、「日本社会では、容姿的にも性格的にも男性から相手にしてもらえない、規格外の女性が多い」のだという。実際、そういう場では、日本社会ではなるべく身体を隠す方向のファッションで目立たず生きていそうな、ふくよかを通り越して巨漢の女性が、ボディコンシャスドレスに身を包み、ガンガンにおしゃれしていますし、年齢の幅もある。

恋愛するには、「人並み以上の容姿」と「愛され性格」が必要で、それ以外の女性は男性から拒絶される、という風潮は、お笑いのネタで何度も〝ブスのあり様〟として繰り返されてきたことですし、現在もその度合いが加速している（〝見た目社会〟の強迫観念には、女性だけでなく、男性も戦々恐々としていますね）。しかし、そういうコンプレックスを持った女性が、ひとたび海外に行くと、そこには自分を女性として扱ってくれる男性がいるし、日本では考えられないようなデブ女性が金髪の美青年とカップルだったり、体形丸だしのおしゃれを楽しんでいたりの現実に出会い、開眼することがあります。その結果がガイジン専科、というわけです。

日本では身持ちが固くとも、外国人とならば、わりとビッチ的なラブアフェアを楽しめる、という女性もいます。彼女たちの中には、その行為の理由に言語の問題を指摘する人もいる。「もちろん、私たちは日本語の達人なわけで、そうすると、どうしても自分の欲望を伝えるときに、空気を読んだり、回りくどい言い方をしてみたりの間接話法をしてしまうんですよ。しかし、第二外国語、しかもあんまり語彙や言い回しを知らない英語だと、直接的になれて、話が早い」とのこと。確かに、言葉が不自由な分、人間は表情や他の身体的コミュニケーションを発達させるわけで、それが素直な気持ちの伝達を産む、ということは充分に考えられることです。また、外国人とのラブアフェアは、自分のロマンチックラブ幻想をつかの間満たしてくれる、地に足の着かない現実ということもあるでしょう。『セックス・アンド・ザ・シティ』のサマンサの行状は、日本のリアル空間の中では無理ですが、ブラパン空間と時間にいれば、少々形は違えどもそれが可能になるということなのです。しゃべる言語も、日本語ほど血肉化したものではないし、基地のアメリカ兵では顕著ですが、いずれ本国に帰ってしまう、という行きずりの旅人感もあり、現実的に短期間だけでも、自分が憧れていた恋愛の蜜の味にひたることができるのです。

あとは、文化的なバックグラウンドの違いというギャップ＝差異は、「お互いによく判らないだけに、性愛という行為で判り合おう」という動機にもなり得ます。文化的に男女間の違いがどんどん無くなり、お互いの肉体や精神の事情もたっぷりと情報として知っているという現在、かつての恋愛のように「アチラの性のことは、判らないから、神秘的で萌える」という回路は発生しなくなっていますから、その代替えとして国という文化背景や人種の違いで、あえて〝差〟をつける、という考え方ですね。

いや、本当は人間なんぞは、ひとりひとりが違うからこそ、精神的にも肉体的にもコミュニケーション努力のしがいがあるものなのですが、同じ環境やバックグラウンド、言語を持つと、そこのところがあらかじめの了解事項になってしまい、「しなくてもいいいや」

の面倒くさがり病になってしまうのは、これ悲しいかな、人間の性なのですね。

⑤日本におけるビッチの歴史的系譜

歴史上の規格外女性たち

性的に旺盛で、男を自分の意志でとっかえひっかえする女。自らの性欲を認め、それを世間の規範にあらがってでも行動に移した女。イコール〝ビッチ〟を、歴史的に遡ってみることにしましょう。

民族学的に言うと、西日本の農村では、夜ばいの風習や既婚の中年女性が若い男に性の手ほどきをし、祭りの夜には、乱交パーティーのようなことが行われ、かなり自由な性文化が存在したことは、赤松啓介をはじめとした文化人類学者の研究で判っています。なので、ほとんどビッチ天国。歴史上に名をなす人物というと、歌舞伎の創始者と言われる出雲阿国などは、そんな匂いを感じることができますが、遊女に近いところにいた人なので、職業上の要請と考えた方がいいでしょう。

封建社会の江戸時代には、男女の痴情のもつれや心中事件が庶民のエンターテインメントである歌舞伎や浄瑠璃に描かれてきたので、その中でビッチ的な人物を見つけることができます。

まずは八百屋お七。大店のひとり娘のお七は、身分違いの、こともあろうに僧籍にある生田庄之助に恋をしてしまい、彼に会うために放火し、それが「振り袖火事」という大災害を引き起こす。彼女はもちろんひとりの男一直線で、その点ではビッチ性は少ないのですが、短絡的な行動とそれが巻き起こした災害の甚大さには規格外の性的ポテンシャルを感じます。

性的に旺盛なことを隠さずに実行して、規格外を生きた女性に焦点を当てて歴史を遡って見てみると、たいがい、文化系か犯罪系の女ばかりが出てきます。まあ、ルポルタージュというもののない時代には、そのふたつしか女性の記録は残っていませんしね。

大正期のビッチスター

新聞などのメディアが発達した明治、大正期のビッチスターと言えば、阿部定でしょう。好きな男が二度と浮気をしないように、セックス中に相手の首を絞めて殺し（首絞めはプレイの一環だった）、そのあげくに相手の男、吉蔵のイチモツを切り取ってその太ももに「定吉フタリキリ」という署名まで残し、イチモツを携えて逃走、という事件。

逮捕後の裁判では、素直に相方とのセックスがいかに快感だったかを正直に語り、世間を驚かせました。彼女は「情痴に狂った女」扱いされましたが、大衆の中には、彼女の事件に性愛の真実を見出す人もいて、後年、大島渚は事件をモチーフにして映画『愛のコリーダ』を撮り、織田作之助と渡辺淳一はそれぞれ小説『妖婦』『失楽園』を世に発表。この事件が単なるイッちゃった女の猟奇犯罪ではなく、大衆の心を打ったのは、性欲の強さという、ある種、人間性の発露が実際に女の口から正直に語られたことと、「そういうことも、あるだろうな」という性の複雑さを皆が感じたことにあると思います。世間の常識をぶっ飛ばしたそのビッチぶりの破壊性に一票、というところでしょうか。

最初の結婚は10日で破綻、その後、同僚の教師と関係を持って出奔し、小説家になってからは、尾崎士郎、東郷青児、北原武夫と多くの有名芸術家との結婚遍歴や梶井基次郎との不倫の噂など、華やかな男性遍歴に明け暮れた、小説家の宇野千代も、およそ、当時の女に課せられた、貞淑、忍耐、良妻賢母の枠を逸脱した女性ですが、彼女の場合、それと同時に小説家と事業家としての成功があったので、世間は特権枠として彼女の存在を許しました。

「芸術家や小説家は破天荒な恋愛遍歴や性体験があって当たり前の職業。特に女性においておや」というのは、現在でも、岩井志麻子や中村うさぎにも繋がる世間の期待とライフスタイルの好マッチングですね。若いときにさんざん色情系をやっておいて、ある年齢になってきっぱりと出家。おのれの欲望と格闘したからこその迫力ある説教が人気の瀬戸内寂聴もそのタイプです。

ただし、この文化系は一歩間違えると悲劇を生みます。

北原白秋の妻の江口章子は、夫と同じ才能ある詩人で、白秋のブレイクを大いに助けた女性でしたが、新居の豪邸のお披露目宴会が派手すぎると親戚から叱られたことをきっかけに、なんとそこに来ていた新聞記者と駆け落ちをしてしまう。その後も結婚そしてまたも出奔、最後は妻帯を許されない若い住職とねんごろになって、精神に異常をきたし、法要の際、真っ裸で庭に飛び出し、庭の木の下で座禅を組むなどの奇行に走ったあげくに、実家で幽閉状態になって死去、という、凄まじい人生を送ります。

「恋のない世になにがあるでせう」というのは彼女の言葉で、当時のアーティストたちを席巻した恋愛至上主義丸出しです。もちろん彼女は、それを実生活においても、旺盛な性欲とともに実行したわけですが、悲しいかなすべてが宇野千代と違って、カードが裏返ってしまった。宇野千代は、自分のビッチ度と世間の目とのバランスに自覚的だったのでしようが、江口章子の場合は、あまりにも無自覚。前述したように、ビッチなライフスタイルをキープするには、それ相応の戦略がいるのです。

日本という枠を越えるビッチたち

自立した女の先駆けであり、雑誌『クロワッサン』がそのライフスタイルを大いにフィーチャーした桐島洋子は、不倫関係のアメリカ軍人との間に三人の子どもをつくり、子連れで世界を旅しつつ、『淋しいアメリカ人』などのノンフィクションを記した、自立性と規格外の生き方で、先ほどの自立ビッチとイデオロギービッチの中間のような存在で人気を集めました。

彼女の場合、お相手はひとりなので、数をこなすビッチとは違うのですが、「産む性は定住するもの」、「定住してその家父の子を育てるもの」という近代家父長制から逸脱した、「移動する母」を行ったところが、掟破りのビッチっぽい。彼女は外国航路の船内で第一子を出産したのですが、その理由が「出産費用が無料になるから」。恋愛の結果としての子どもにほとんど生き方を縛られることなく、知人や病院に子どもを預け、日本的な常識下ではもってのほかの「他人に迷惑をかけてでも」主義にて、自分のやりたいことを貫いています。ベトナム客船の船長になった愛人に付いて現地に赴き、ベトナム戦争の従軍記者となったり、子どもを現地の保育園に預けっぱなしにしてアメリカを単身放浪したりの破天荒さは、あっぱれとも言うべきモノ。

移動と海外と言えば、日本ではなく、主にアジアのバリ島やタイなどで、男を買うがごとくのセックスライフを楽しむ日本人女性の存在を取り上げたノンフィクション小説『イエローキャブ』が世に出たのは1993年のこと。「イエローキャブ」とは、「誰でもすぐにヤらせる日本人女性を外国人男性が称したもの」と言いますが、実は、同じような行状は、地中海のリゾートやイタリア各地でハメを外す白人女性たちにも見られ、そちらは別段スキャンダルとして扱われてはいませんので、この言葉自体は捏造っぽい。現実にそういう表現をした外国人男性はいたのだと思いますが、この本で取り上げられる程のスキャンダルになっていたとは考えにくいし、実際、後の報道によって、その言葉のような侮辱の事実はなく、でっちあげだったということが暴露されました。つまりその真偽はともかくとして、海外にオスを求めてしまう女は、もうそれだけでビッチと見なされたわけです。ここからは、女が性的自由を楽しみ、日本という枠を超えて移動することが、いかに望ましくないものか、という男性側の事情が透けて見えます。

欲望を実行に移すビッチの凄味

彼女の行動が世間に潜むある本音を体現したのか。ビッチ的な行動をオーバーグラウンドに展開したスターの、その最大級が松田聖子でしょう。

彼女はそもそも、山口百恵が結婚＝引退という恋愛結婚成就を遂げて、仕事での才能発揮を捨てて専業主婦となって家庭に専念、という絵に描いたような一夫一婦制の妻の規範を示したのとは真逆の道を辿っています。お似合いのスターとの恋愛結婚、出産、子持ちながらその可憐なイメージをキープしての歌手仕事とサイドビジネスの成功を手に入れながら、外国人バックダンサーやら何やらの浮気が次々と発覚し、あげく離婚してしまう。今度は6歳年下の若い男との再婚と離婚、現在はグレもせず美しく成長し芸能界に入った娘とともに、姉妹のように仲良く仕事をしている。と、およそ女の欲望を次々と実行して手に入れてきた凄さがあるのです。

浮気発覚の時には、マスコミはそれを執拗に糾弾し、彼女の人気商売は断たれたかに思われましたが、男の憤慨と逆に女性たちはその本音の現実化に、表向きは眉をひそめつつ、共感したのです。「ステキな夫と子どもがあって、仕事も順調なのになんで他の男と?」

という問いに、「信じられない！」とあきれるムキよりも、「そりゃ、あるでしょう」という民意が勝った、ということですね。

〝未婚の母〟という、かつてならば大スキャンダル、この少子化の現在においても、未だ差別的な法制度によって非常に世間的に旗色が悪いそれを選びながらも、40～50代の女性の支持を集めて人気なのは萬田久子。松田聖子と同様、今は世間からの攻撃材料を抱え込んでいる人たちの方が同性からの支持を得やすいのかもしれません。

ビッチ性というよりも、もう、悪女に近いのが大竹しのぶ。彼女がまだ清純派として存在していたとき、年上のテレビディレクターを中村晃子と取りあって略奪愛を成就したのが最初の結婚。その夫が子を生した後に死別するという悲劇を乗り越え、明石家さんま、野田秀樹という、実力も色気もある各界の一流どころと結婚離婚を繰り返した手腕は並大抵のものではありません。

彼女のようなナチュラルボーン女優だと、多くの男性にとって最もグッと来るだろう恋愛コミュニケーションスキルが、それはもう無意識に出てくるのに違いない。すべての件で「相手に熱烈に惚れられた」というパターンを踏襲したのでしょうが、彼女の場合、無意識のうちに、「すべての男を自分に惚れさせ、その惚れた男たちのプールの中から最も良い男をピックアップしたい」という願望が働いていそう。

実はこれ、とある女優さんから聞いた話なのですが、舞台や収録が終わった後に、スタッフらと打ち上げよく行なわれます。それが終わる頃には、なんとそこにいた男性スタッフ全員が「大竹しのぶはオレのことが好きだ」と思ってしまうらしい。彼女自身は全然、ビッチ行為に手を染めていませんが、そのお膳立てをいとも簡単に行えてしまうこの才能。もしそこに女性がいたら、ごく自然にすべての男性を虜にしてしまう彼女を「この、ビッチ！」と思うでしょうね。

松たか子、若手では蒼井優、多部未華子などの清純基本の演技派が、その路線の継承者と思われます。清純派でスタートを切りながら、気がついてみるとプッツンな行状が報道され、「性欲抑制のために肉食禁止令」が事務所から出た、などと週刊誌に書かれた広末涼子はもうちょっと判りやすいビッチ系です。結婚して一児をなし、その後離婚しましたが、再婚相手が、よもや、というアーティストのキャンドル・ジュン。実は私、自分がやっていたクラブカルチャー雑誌で彼を取材したことがあるのですが、変な意味ではなく、キャンドル氏には本当に仏像のようなセクシーさがありました。そこに素直に女性として反応して、結婚にこぎ着けた彼女の〝女性本能〟に感銘を受けたものです。

マドンナという革命

ひとりのメディアスターの表現やライフスタイルが、女性の性意識に革命的な変化をもたらした、という意味で世界最大級だったのは、言うまでもなくマドンナでしょう。彼女が提示したのは、セックスを男のためではなく、自分のために愉しみ、自分の性欲の発露を自分の身体や人生を使って謳歌することです。

ミュージックビデオや写真集『ＳＥＸ』に表現されたイメージは、バイセクシュアル、乱交、ＳＭを中心に、アンダーグラウンドな性の快楽技術がてんこ盛り。しかし、そこには通説ならば性の客体として〝モノ〟扱いされる女性が、積極的にその快楽を〝取りに行く〟自立した主人公感がはっきりと埋め込まれている。

真っ裸でハイウェイ脇に立ってヒッチハイクする女（そのあとのストーリーは、言わずもがなですが）、ＳＭの拘束衣に身を包みホテルの部屋を転々とする女は、男性のポルノグラフィの定番のようですが、マドンナはそれを確信犯的に使い、快楽の担い手を男性から女性へと逆転させているのです。裸ヒッチハイクをして目的を遂げたら「はい、お次は何？」という、ロマンチック恋愛ドグマからは自由な遊戯性と、それをやった後は、何事も無かったように日常に戻るんだろうな、という、大人っぽい戦略性はまさにビッチの鏡。

ポルノは男性のものであり、男性の暴力装置を加速する装置なのでイカン、という一部のフェミニストの指摘の一方で、「女に産まれたからには、女の身体ならではのセックスの快楽を徹底追求したっていいじゃないか」というひとつの〝正論〟をマドンナは打ち出したことは事実です。

マドンナはこの後出産を体験し、世間的にも釣り合いが取れるイギリス人の映画監督ガイ・リッチーと結婚して家庭を持ち、コンサバなライフスタイルに落ち着きましたが、10年間続いた結婚生活にピリオドを打ち、今は28歳年下の男性と交際中と言うのだから、さすが、の一言です。

プロ中のプロビッチ

そして、ビッチと言うならば、叶姉妹を忘れてはなりません。

「ライフスタイルアドバイザー」という謎の肩書きで、海外のセレブパーティーの常連、として女性誌に登場し始めたとき、その突き出した巨乳ぶりとゴージャスな出で立ちに度肝を抜かれたものでしたが、ほどなく出版された姉、叶恭子の自伝『叶恭子・トリオリズム（3P）』を読んで、その生き方と思想にさらに衝撃を受けてしまいました。

その本を読むだに、彼女たちはまさに、ワールドワイドなセレブ御用達高級娼婦のよう。娼婦という言い方は語弊があって、セレブたちは彼女たちに惚れ、想いを遂げるために、それ相応の莫大な金品を差し出しているだけ。彼女は、よくある恋愛行為のハイエンドの恩恵を受けているだけなのです。

著作の中で彼女は最も好きなプレゼントを、「札束のブロック」と言い切っていますが、決して万人に平等ではない性愛、恋愛のコミュニケーションには、そういった物品、価値の交換はつきもの。バレンタインデーが廃れないのもそのあたりで、ビッチ的な生き方と思想がそのまま、何の苦もなくお金を稼ぐリソースなり、生ける商品価値になったという、これまたひとつの、到達点かもしれません。

叶恭子のセックス思想ははっきりしていて、多くの魅力あるメンズ＝男性と性愛のあらゆる快楽の可能性を試し、また、享受する、というもの。

その性愛のイニシアチブはもちろん、叶恭子が握り、その行為の目的には、玉の輿であっても結婚というゴールは設定されていません。性愛のために費やされる努力は、エステティックな美容やファッションはもとより、スッポンを食し、漢方処方を愛用する内面からの健康術も含まれます。そして、彼女の面目躍如なのは、局部に蝶のタトゥーを入れているというその肉体改造っぷりです。自伝はまた、彼女のセックスライフに対する思想を余すところなく伝えていて、そこから見えてくるのは、性愛を中心に女性である自分を実生活で謳歌するための、快楽追求の生真面目かつ意思的な姿勢で、この、決して楽ではない生き方の選択は、まさにプロ中のプロビッチ！

彼女の著作『トリオリズム』は必読で、ヨボヨボのご老体になっても、若くて美しい女性をめとりたいと願う欧米ハイソの老人との〝お見合い〟のために、ヨーロッパの小島の豪邸に出向いたり（その様子は、スタンリー・キューブリック監督の『アイズ・ワイド・シャット』の貴族たちのセックスパーティーを彷彿させます）、誕生日プレゼントが、目隠しをされての、数人の女性たちからの舌戯だったり、『O嬢の物語』もびっくりの性の冒険と快楽が、確信犯的な肯定感のもとに綴られていく。その描写は圧巻かつ痛快で、これはまさに女のピカレスクロマンなのだな、と。

性愛のエクスタシーが軸にあって、その回りにある恋愛やコミュニケーションの文化を徹底的に追求しようというライフスタイルと意思がわかりやすいほど言文一致で現れている叶恭子は、自分の回りには常に、関係を持ち得る「必需品」としての〝メンズ〟が100人近くいると豪語しています。

興味深いのが、そんな彼女の生き方は、男女で評価がまっぷたつに分かれること。男性側はキワモノか珍獣扱いですが、女性の方は、彼女たちの生き方にけっこう熱いエールを送っている。彼女たちがやっているブログには、そんなファンとの交流がかいま見られますし、実際にパーティーなどで彼女たちが登場すると、回りには多くの女性が集まってきて、そのまなざしには本物の憧憬が宿っている。

ピカレスクと言いましたが、「女と産まれたからには、彼女たちのようにやってみたいけれど、無理」というほとんどの女性は、彼女たちを支持し続けると思います。ただし、大いにその存在が予想されるのは、ファッションも体形維持も、外見を完璧に整えるところまでは姉妹を見習っても、彼女たちの本質である〝性の狩人〟ぶりの部分は留保し、古風に男性のお声がけを待つというような、徹底的に本家とは縁遠い叶姉妹エピゴーネン女性たち。目的を忘れ、というかそれが無く、それを得るための手段やシステムが目的になる、というのは、日本人の常ですから、しょうがないっちゃしょうがないのですが。

そうそう、一般的には「エロ可愛い」という表現を生んだ、歌手の倖田來未を忘れてはいけません。彼女は、そのナイスバディーを惜しげもなく晒した、セクシー一本どっこなステージ衣装と自分の女性性を謳歌する開けっぴろげなキャラクターが、多くの女性の支持を集めたのでした。彼女の明るくかつセクシー全開なパフォーマンスを通じて、女性たちは「自分のセクシュアルな欲望を抑圧するのではなく、それを明るく解き放って、女性であることを楽しもう」というメッセージを受け取ったのです。自らの意思によって、団鬼六描くところのＳＭワールドの映画にてその美しい肢体を惜しげも無く晒し、それが逆に女性からの喝采を浴びている杉本彩なども、性の自主的快楽追求者のロールモデル。まさに「命短し、セックスせよ、乙女」ですね。

⑥ビッチとやるには、ビッチみたいにやるには

ビッチが男に求めるもの

さて、これまで様々な角度から取り上げてきたビッチの皆さんと、実際に行為に及ぶにはどうしたらいいのでしょうか。ピラニアという獰猛な人食い魚は、人間がその群れの中に飛び込むやいなや、食いまくられてしまうというイメージがありますが、実際にはそんなことはない。ビッチも同様で、「男だから」という理由だけで、ただちにビッチとヤレると思ってはいけません。

自分の性癖と性欲の方向性を自覚しているビッチは、好みが確立しています。そしてその好みは、たいていの場合、世間一般の女性が男性に求める諸条件とは少々ずれている。

恋人や結婚相手の候補などで好条件として上げられる、職業や学歴、容姿の良さなどは、もちろんあまり関係がなく、主目的であるセックスの善し悪しに焦点が当たるのは当然でしょう。ただし、そこのところで、じゃあ、AV男優の加藤鷹のように、黒光りしてそうなセックス巧者的アピールがいいかというと、それは大違いだと思った方がいい。ビッチの皆さんは「オレは上手い」と言うヤツに限ってたいしたことはない、という意見を異口同音に言います。セックスの上手さというものは、相手の女性とのもの言わぬ感知能力であったり、コミュニケーションでもあるので、テクニックだけは豊富なのに、実際のセッションになると凡庸になるジャズプレイヤーのような輩は嫌われる、というわけですね。

蛇の道は蛇、ということで、男性版ビッチである「ヤリチン男」は、もちろん、好敵手同士でしょう。しかし、ヤリチンを豪語する男性の中には、セックスはオソマツで、結局、女を何人征服できたか、という数だけのマッチョ指向の向きも多いので、そのあたり、ビッチの選球眼が最も試されるところと言っていい。考えてみれば、男の百人斬りは名誉ですが、女のそれは全くそうでは無い。その点からも、ビッチの行為の純粋さが見えるというものです。

まずは身体巧者になるべし

ビッチは性体験の引き出しが豊富ですから、「自分に快楽をもたらしてくれる男」に対しての探知レーダーの能力は高いと言ってよい。ではいわゆる、鼻が大きいとアソコもデカイ、とか、指が細くて長い男はテクニシャンというような観相学的な判断はあるのか？と尋ねてみると、それを上げてくる人は半々でした。特に鼻に関しては、「案外そうでもない」という意見が多数。目の下にいわゆる涙袋というたるみがある人は男女を問わず好き者といわれますが、それには頷ける、と言う人が多かった。

あるビッチは、「柔道やアメフト、バスケのように身体を大いに接触するスポーツをやっていた男は、ほとんどハズレがない」と言っています。いわゆる、身体同士の気の合わせ方のセンサーが普通の人よりも高いからでしょう。そういえば、歴代の有力政治家にはやはり柔道部出身者が少なくないと言います。「相手の懐に飛び込む」「ハラを割って話す」などの仲間や信頼を勝ち得ていくコミュニケーションは、口先だけのモノではなく、身体に訴えかけるものの方が勝る、という証拠でしょうか。

実際、スポーツ記者に聞いた話ですが、野球選手と結婚し、政界に躍り出た柔道界のクィーンは、独身時代、非常にモテたそう。彼女ぐらいの達人になると、組み合った瞬間にリビドーを全開にできそうではある。

動物行動学者のデズモンド・モリスは著作『マンウォッチング』の中で、人間の非言語的身体接触の距離について述べていますが、人にはこれ以上近づいてほしくないという防御的な身体と身体の距離があって、そのバリアを突破する能力の高い人間が、こと性愛でも高い能力を発揮しそうではあるのです。

同じ武道ならば、剣道はどうなのか？ という疑問も出ますが、それに関してはひとり、剣道の高有段者でありつつ、世界の豪華客船やラグジュアリーホテルに詳しく、そのモテぶりを噂される知り合い男性の例をあげてみたい。彼はとにかく目力が凄いのです。とにかくその瞳が、コチラがしゃべっている間中、ガッチリ視線を合わせて、揺らぐことがない。さすがに、対戦相手の切っ先の数ミリのぶれに打ち込む鍛錬のたまものですね。残念ながら、口説かれたことはありませんが、この眼力をもってすれば、ほとんどの女性はイチコロでしょう。

最近私は、リンディホップというアメリカ発のペアダンスのギグに行くことが多く、そこではいろんな男性パートナーと踊るのですが、肩を抱き合って密着する基本ポジションを取るだけで、カチカチに堅くなって、緊張が伝わってくるタイプと、スッと自分を受け入れてリラックス感が伝わってくる人と、違いが一瞬のうちに伝わってきます。セックスを楽しむ土俵に立てるのはどちらかと言えば、その答えは火を見るよりも明らか。セックスに対して数をこなしているビッチは、経験上、別にリンディホップのポジションを取らなくても、その男の善し悪しを判断できると見ていい。

しかし、そもそも、男性社会の敵であり、自分の男としての能力を品定めされてしまう危険のあるビッチとやってみたいという男がいるのか？　いるとすればその理由はただひとつ。日本の発達した性風俗で知ってしまった〝受け身〟の快感ゆえでしょうね。性的に旺盛で快感行動に積極的なはずのビッチならば、自分がマグロでも、どんどんそこから未知の快感をひきだしてくれそう、という。しかし、それでも選ばれなければ、話にならない。その段で言えば、ビッチに選んでもらえるには、とっとと町の格闘技道場に行って、身体巧者になることをお勧めします。

草食専科のビッチたち

ビッチの男版である、ドンファン的な男性の快楽は、「未だ開花していない性を発掘、開拓すること」だと言いますが、同様のことがビッチにも言える。

年下狙いのとあるビッチは、「性欲がありあまってムンムンしているのに、プライドや自信の無さから女性にアタックできず爆破寸前になっている若い男」専科と言います。

日本人の男性はそもそも昔から草食が大半で、少し前までそうではなかったのは、「女性ゲットに邁進する」のが男の男たる条件と世間から強いられたからにすぎず、そこが外れて、完全に「待ち」の状態になっている今の男性は、ビッチたちにとって食い放題のシマウマの大群だと言えます。ポテンツ能力が充分にあり、好奇心旺盛な若いオスを、自分が満足するツボにフィットするように〝乗りこなしていく〟のが大変に良さそうではあります。

別にイケメンではないのに、名実共にモテる男性数人（ドンファン的ではなく、50代中頃なのに20代の愛人をつくる実力がある、とかの）に聞いてみると、ビッチな年上女性と20代の頃につきあっていた、という人が少なくない。女性のセックス時の欲望のあり方について、しっかりと実地で体験した経験は、得がたい基礎教養となって、男としての自信を支えるのに違いありません。

ビッチの好物は、後くされのない男

ビッチは、そのゴールに「ひとりの男と落ち着き、ステディな関係になる」ということを定めていません。結果的にそうなるビッチはいるとしても、そういった純愛とセックス快楽がいっしょになった夢々しい恋愛ロマンをあまり信じていないリアリストだからです。

ほとんどのビッチは、一回や二回ヤッたから、といって、彼氏ヅラしてくる男を嫌います。セックスから情が移った場合には、「ビッチたる彼女が他の男とヤることに我慢ができない」という独占欲や嫉妬が、「本当は彼女だって、落ち着いて普通の女の幸せを求めたいはず」という一般論に都合よくすり替わって、ビッチを束縛しにかかり、ひどいときには暴力やストーカー行為に及んでしまうことがあるので、ビッチにとってはいい迷惑です（こういった男性心理は、作者本人も規格外の男女関係を生きる、内田春菊のマンガによく現れます）。

浮気性の男に対して、それが最初から分かっててハマってしまった場合、たいていその女性は、内心苦しみながらも「そういう男なんだから、しょうがない」とある意味理性的な判断をしますが、男性の場合は、それを伝統的な女性の生き方に反した女として、魔女狩りのように社会正義を振りかざして糾弾するところがタチが悪い。ビッチ側もその危険をよく知っていて、思わせぶりな態度を取らず、「じゃあ、お疲れ」とセックス後は味も素っ気もないさわやかな別れ方を心がけ、男の深入りを防衛することもあると言います。

あとくされのない男、というのは、ビッチとつきあうときの最大級の心構えだと言えるでしょう。

若くて、すなわちビッチに見合う充分な精力があって、身体接触の訓練を積んでおり、対他人に対する防御バリアを外すことができ、後くされのない男。と、これがビッチにとって最も〝好物〟な男だと言えます。と掲げてみると、こういう男性は、ビッチではなくても、普通の女性からもモテるだろうな、という感じがするところがミソ。しかし、普通の女は、そこにできれば稼ぎの良さとか、才能などの自分にお得な条件をも求めてしまう。そこがビッチとの違いでもあります。

セックス文化に人生を注ぎこむ

一方、女性がビッチになるには、どうするか、というと、まずは基本的にセックスそのもの、そして、セックスにまつわる恋愛のような文化にどれだけ人生のエネルギーを注ぐことができるか、というところにかかっています。セックスはもちろん、人間の根源に関わる大きな欲求ですが、もうすでにそれは、生殖からは切り離され、社会的にもコントロールされている。人間の想像力と資本が結託し一大オナニー産業としても成熟していて、実際の行為をしなくとも、それに代わる快楽の代替え物がたくさんあるので、以前ほどの価値を人生に持たなくなってきています。それは、安易にネットで過激なAVが手に入るようになって、実際の行為のコミュニケーションの面倒くささからそそくさと逃げ出した結果の、草食男子現象にも顕著に表れています。シンプルに考えてみても、たとえば、昔の男女はデートと言えば、映画を観て、喫茶店でお茶を飲むほかなく、その後の膨大な時間は恋文を寄せ合ったり、お互いに向き合うことに時間がかかっていたはずなのに、今は、やれ、イベントだ、ディズニーランドだ、と、セックスに至るまでの寄り道の方が実際面白すぎてコトに至らないこと多々。

そんな中で、セックス至上主義者でもあるビッチという生き方を選ぶには、もともと、生来そっち系が好きか、映画や小説やマンガで後天的に「そういう生き方の女」を知り憧れたかどちらか。特に後者は案外無視できず、非常にしつけに厳しい父親の書棚でビッチ女のポルノを発見しハマった、などという背徳的な思い出や、性の快楽に溺れる遊女や女という業を生きる娼婦などのキャラにどうしようもなく魅了されていた、という過去を語ってくれるビッチもいます。もちろん、遊女も娼婦もリアルには過酷な性産業従事者ですが、そこを無視して、「女と生まれた肉体と宿命を思う存分堪能している」とついつい憧れてしまうのです。

世の女はみなビッチ⁉

ビッチには、自主独立快楽追求型から依存型まで、様々なレイヤーがありますが、皆なりたいと思うのは、前者。後者はその人物の人間関係や社会生活を破壊する危険が大ありなので、なかなかお勧めできるものではありませんが、自分の身体を使って実験をして、それを小説なんぞに発表してみたいという欲望の人はその境地にまみれてみるのもいいかもしれない。

ビッチになろうとするとき、ほとんどの女性は、幼い頃から慣れ親しんできた恋愛、ロマンチッククラブ思想から決別しなくてはなりません。女の子は好きになった男性と相思相愛で結ばれて、心の通ったセックスをし、子どもが生まれ、その後も夫婦の絆を確かめるために、メイキングラブのセックスをし、パートナーに対しての裏切りである浮気は御法度、という申し分の無いストーリーを自分の人生から切り離す、という生き方です。

もちろん、こんな理想的な恋愛と結婚のかたちを完璧に実践できている男女はまれでしょうが、この規範を信じて、努力・遂行しようとする人が一般的でしょう。近代社会の家父長制と、このストーリーはとりあえず両立できます。男性に恋愛のときめきを感じなくなったら、男を感じなくなったら、違う人物との恋愛に陥ったら、関係を解消してシングルに戻るか、次に行けばいい、という生き方は法にかなってもいる。いずれにしても、このモラルに表されるセックスとは、「愛があってこその行為であり、その相手は複数ではなくひとりであり、その一対一の関係を続けなくてはいけない」わけで、当然ビッチという生き方とは相容れないのです。

ビッチももちろん結婚はするでしょうが、それはもっと現実的に、生きていくのにお得な制度、として割り切って遂行しているのに違いない。本書の第三部にも出てくる、元ブラパンでビッチ道を生ききった末、結婚した女性のように、「セックスの時100パーセント、イカしてくれるから」という理由であっぱれな結婚ゴールを決める人もいれば、多くは、「セックス抜きでも生活を共に生きていくパートナー」として、恋愛相手と言うよりもどちらかというと友情に近い関係を結べる相手とゴールインしています。そういうビッチはもちろん、結婚後も外でビッチ行為を続けるのでしょうが、ダンナのセックスレスを理由に同様の行為を外で行う、世の中的には非ビッチの人妻と、結果的に同じような行為に手を染めているというのが面白い。さすれば、世の中の女はみんなビッチなのか⁉︎

いや、そうとも言えるかも。

ビッチ道とは

ビッチ道に入るならば、ゆめゆめその外見は、それとあからさまに分かるヒョウ柄だとか、ボディーコンシャスドレスだとか、パンツが見えそうなスカートであるとか、であってはなりません。前述しましたが、まだまだビッチに対する世間からの風当たりは相当に強いので、ビッチはその正体を隠しながら、着々と実績を上げていかなければならないのです。

しがないラーメン屋のオヤジが、中国拳法の達人だったり、毛糸の靴下をはいて買い物かごを下げたおばあちゃんが、政治の裏金の金庫番だったりの話は、よく聞きますが、ビッチも姿形はごく普通のセンを行くわけです。なので、そういうビッチとワンナイトスタンドを経験した男性は、最後の最後まで、「純情そうなのに、生まれつきのセックスの達人っているんだなあ」なんぞと素朴な感想を抱いているかも知れない。そんなわけはない!!　アナタ、その彼女は百戦錬磨のビッチなのですよ。

そして、ビッチになりたい女にとって、ひとりの男への深情けは禁物です。

男なしではいられない身体を、ひとりの男に執着しないこと。ひとりの男と長期のセフレ状態をキープすることもありますが、セックスとはやはり全人格的で圧倒的なコミュニケーションでもあるので、どうしてもそこに独占欲や束縛、心の交流などの欲求が出てきてしまう。そこらへんで、自由で刺激的なセックスの快楽とのバランスが取れなくなった場合、ビッチは関係を切る方を選ぶのです。

男と女のセックスの快感の違いはいろいろありますが、代表的なものは射精後。男は急速に気持ちが冷めますが、女性の方はまだまだその余韻に浸るロングテール快感曲線に浸るというもの。それは一種執着にも似て、それゆえに「ひとりの男と離れがたい」モードに陥るのですが、ビッチたるものこのステキな余韻を断ち切って、さっさと身支度をして「お疲れ様！」とベッドを後にしなければいけない（第三章の松沢呉一対談を参照のこと）。それができるかどうか、ですね。一見、女性の生理に反したこの行為を、あえてビッチがやる、ということは、何か非常にストイックでハードボイルドな生き方の指針のようなものに見えます。

普通の女性は、自分がセックスで感じる快感のツボをひとりのパートナーとの試行錯誤で知っていくことになりますが、ビッチはすでにそれを熟知していますから、それを旨く伝えて、セックス時の快感アベレージをたいていの相手とキープし続けることができるので、一竿主義にならなくともいいのです。スキーの初心者は板やブーツにこだわりますが、熟達者はどんなモノを履いてすべってもOK、というのに似ていますよね。

私たちはビッチに呆れ、おののきながらも、その生き方にある種の憧れを持っています。女性にとってそれは、女と生まれたからには、自分の好みのいろんな男と自由なセックスをして、自分の肉体と精神の快感を味わってみたい、男性から求められるその熱いエネルギーをたくさん受け取ってみたい、という想い。

男性の方は、どんなに快感を共有し合っても決して自分のものにならない、その不可思議さと神秘性から、ビッチに惹かれてしまう。

子孫を残すという崇高な目的がありながら、セックスには暴力性や欲望の数々といった悪しきものがついてまわり、とはいえ、人はそれによって深い繋がりを得たりします。理性と常に相対し、人間を惑わすそれは、実のところ、やっかいで面倒くさいもの。それを堪能する面倒くささや困難さよりも、多くの人は不自由なルールと社会を選び、現実よりも、その手の物語に空想で遊ぶ方を選ぶのでしょう。

それをあえて現実社会で実行しているのがビッチたちで、その生き方にはゴールなし。茶の湯やサーフィンのように、セックスを生きる生き方そのものから体験できる人生は、特権的であっぱれなものと言えるのではないでしょうか。

かわいそうなのは　自分のよろこびを
他人の許可に頼っている人たち
私を愛して　そうよ　私を愛して
「ジャスティファイ・マイ・ラブ」マドンナ

2
ビッチ図鑑

この章では、私たちの社会に棲息する様々なタイプのビッチたちを、プロファイリングしました。あなたは／あなたの憐のビッチは、どのタイプですか？

01
サバサバ
キビ
キビ

スポーティー・ビッチ

ビッチ度数…**70**点

ピーク年齢…**40**歳

外見	ポロシャツの胸元には、小さいダイヤネックレス／ユニクロ／ラコステ／髪はショートボブ／長谷川理恵系／スパッツにミニスカートのナイキのレディスウェア／脚長に見えるマザーのスキニーデニム／仕事場ではパンツスーツ愛用
職業	ＰＲ会社／広告代理店／酒造メーカー営業
行動範囲	沖縄／ハワイ／オーストラリア
行きつけの店	昭和系居酒屋　自由が丘のカフェ
友人関係	非常に広い　男女とも友人多し
金の使い方	堅実
趣味（好きなもの）	映画『グラン・ブルー』／桐野夏生／小説『アルケミスト—夢を旅した少年』／雑誌『週刊文春／『GLOW』／『ブルータス』／鉄道の旅／古本屋巡り
男の好み	幅広いが、案外“チャラメガネ”なオリラジ藤森のようなカルーいモテ男が好き
セックスの頻度	週３

01

スポーティー・ビッチ

起源は80年代初頭に遡る。当時の女子大生たちがおのれ自身で編み出した黄金のモテノウハウであるサーファー、シーズンスポーツ経由の〝スポーティーギャル〟継承者。一見、エロと正反対だが、それに安心していると、胸元のディープな開きや、健康な脚の露出など、オス心がイキり立つツボをがっちりつかまえている達人。

ポロシャツ姿は黄金アイテム（なぜならばボタンを開けることで、かなり深く胸の谷間を露出でき、ワンサイズ下を着るとバストが強調されることをほぼ、無意識的に知っているのだ！この手合いは）。シンプルなパンツに髪型はさらさらとしたレイヤーのセミロングかショート。このあたりも、80年代の女子大生ブームの衣鉢をついでいる。基本的にノン・ブランド（いまならユニクロか?）。悪く言うとファッションで自己実現をする気がなく、そのことがむしろ男を確保するセンスになっていて、サバサバとした性格やオープンでアメリカンな気質をそのまま反映していると言える。ランニングをはじめとしたスポーツ全般を好み、男性にとっては様々な意味でセクシーな存在。ひとことで言えば「いい女」。接する時の態度には男女で差がなく、実際同性からも人気がある。交友関係も広く、人脈の天才。会話力もあるし、いわゆる聞き上手。

自分からは仕掛けず、自分に好意をもってくれた人には必ずリターンする名レシーバー。溜め込んだりファンタジーには変換せず、欲情されれば100パーセントそれに応えることが、このタイプの欲望のカタチといえる（このタイプに仕掛ける時点で、男性も最初から絞り込まれている）。クラブやパーティーで見ず知らぬ男とディープキスをするなどは、全く抵抗なし。「つい、やっちゃいました」という言い訳すらもスポーティー。

とはいえ、細かいところでは戦略も豊富。仕事でも取引先でモテれば、ほぼ全員と寝ることもあり、心ある友人たちが忠告するも、あんまりこたえない太さがある。いわゆる後腐れがなく、不倫もまったく厭わない。さらに言えば友人の隣でセックスを始めても、まったく悪びれるようなところはない。

おそらく中学や高校からずっと人気者で、そのライフ・スタイルを持続しているだけなのだろう。不安もないし、地アタマも良く、人から羨ましがられる女ではあるけれど、革命児ではない。エネルギッシュさが顰蹙を買わないのはそのせい。むしろ全体的な評価はコンサバ。案外、自分の能力に女性らしい限界を決めつけているところもあるので、野心的なキャリア志向ではない。誰よりもハードに仕事をし、日常を充実させるスキルにあふれている(マルクスが言うところの熟練工?)。最大の優先事項は個人なので、場合によっては結婚もせず、本当に好きなことだけをやっている。鉄道の旅や古本屋も好きで、チャーミングな「片付けられない女」。たいていの場合、母娘仲は、親友と言える程良い。

外見は男っぽいのに内面は完全に面倒くさいタイプの女という「なんちゃってスポーツ」系や「なんちゃってサバサバ」系と間違えないように! そちらのタイプの口癖は「私、男って言われてるからさ」。この言葉を無自覚に出す女は、そうしたもの言いと違って、その内面はネチネチに女性的だと思った方がいい。なんちゃって系は、サバサバの特権である男の中の〝紅一点〟の立場のみを好み、男が自分の中の女らしさに気づいてくれるのを待つという、少女マンガみたいなファンタジーを信じているので、現実的には全くモテないことが多い。

02
プライベートな
お注射したーい
THE★ヤリマンチェーン
（もといアンクレット）

エロナース・ビッチ

ビッチ度数…**90**点

ピーク年齢…**40**歳

外見	サイドシャギーの茶髪セミロングヘア／最近、前髪を作ってみた／職場ではまとめ髪シニョン／オフでは美しい脚を見せつけるホットパンツにハイヒールもしくはブーツ／ヤリマンチェーンと言われるアンクレットも好き
職業	看護師
行動範囲	地元／車でシケ込むラブホテル
行きつけの店	カラオケ／たまに地元の寿司屋
友人関係	女の友人は極めて少ない
金の使い方	一点豪華／アルファロメオのスパイダーに乗っていたりする／華奢な腕にカルティエのタンクが光っていたり
趣味	エグザイル／石井ゆかりの星占い／米TVドラマ『グレイズ・アナトミー』
男の好み	ナニが上手な男／指が長く形のいい男／鼻の下の「人中」がはっきりしていて長い男（実体験的にナイス・ペニスの持ち主が多い）
セックスの頻度	週3

02

エロナース・ビッチ

医療関係はまず、異性の体に触りなれている上に、肉体の損傷を目にしたり、手術に立ち会うことで、本来の意味でのエロス（生きる本能）を刺激されやすいと言える。セックスに対しては、従って、ファンタジーというよりも肉体の生理現象だという割り切った考え方がデフォルト。優しさマックスの白衣の天使に見られやすいが、実は精神&肉体的にタフさと判断力を要求されるため職業軍人なみの男っぽさがあって、性欲に対する態度も、非常に現実的で行動

力があると見ていい。

もちろん、様々な動機で医療機関に属し、字義通り、職責を全うされている方も多いと思うので、看護師と言えばみなエロナースだとするつもりはないけれど、潜在的なビッチ度は決して低くはないと考えられる。また、そうした看護師の中にはそれを隠さない方もいて、外見にそれが現れている人もちらほら。

髪の毛は、茶髪入ったセミロングヘアで、職場ではまとめ髪シニョン。白衣着ていなきゃ銀座のチーママ風情。小柄で手脚は細いが、巨乳で色白。腰は見事にクビレている。オフではショート・パンツを多用しその脚線美を見せつける。休日は疲れてショッピングに出かけたくないので、通販のZOZOTOWNやヤフオクを愛用。ストレス解消に車をぶっ飛ばすことも大好き。一点豪華主義に走るところもあって、アルファロメオのスパイダーに乗っていたりする。華奢な腕にカルティエのタンクが光っていたり、バッグがブランドものだったり。第一印象はおしとやかだが、女にも分かるエロさが周囲に溶け出している。まあ、イメージ的にはズバリ藤あや子、もしくは、元女子アナの中村江里子でしょう。

基本的にモテるし、一見家庭的に見えるので、早くから求婚されて子どももがいるが、かなりの率でバツイチ。いろんな意味で家庭には収まらなかったタイプ。基本的に勤務時間が不規則だから、休日や昼間のセックス相手を出会い系でチャッチャと探す。地元で間に合わせるとしても、車を持っていれば意外と行動範囲は広い。エクスタシー至上主義で、イかせてくれてナンボ（ニュアンスで売っている男は最初っからNG。最初から「やりたい」という男だけ）。

身体の欲求にまったくブレーキをかけず、躊躇がないのは時間的な制約もあるが、依存症の可能性も高い（依存症だったとしても自覚があるので、自分の欲望をマネージできる限り、それに溺れてしまうことはない）。患者さんと関係することもやぶさかではない（主に退院してからだが）。

60歳を過ぎても毎日、いろんな男といいセックスをしたいと考えている。

やった数だけの色気がどうしても外に漏れてしまうので、周囲の警戒心からか女友だちは少ない。

03
ミュージック イズ
エクスタシー！

クラシック・ビッチ

ビッチ度数…**50**点

ピーク年齢…**33**歳

外見	君島一郎のワンピース／ベルサーチ／フォクシー／色はクリームイエローやピンクなどの派手目かプリント地／ミドルヒールのパンプス／黒髪のロングヘアは髪の量が多く、おでこを出してまとめる古風なまとめ髪で結び目にはシュシュ
職業	クラシック声楽家
行動範囲	上野文化会館／ウイーン／バイロイト／ミラノ／サントリーホール
行きつけの店	帝国ホテル「ラ ブラスリー」／「資生堂パーラー」／「オーバカナル」赤坂見附店／「日比谷松本楼」
友人関係	同業／医者／高級官僚（外務省）
金の使い方	親払いのクレジットカードで無頓着
趣味（好きなもの）	「涙そうそう」／森山直太朗／映画『イングリッシュ・ペイシェント』／『タイタニック』／『花の生涯～梅蘭芳』／『マリア・カラス　最後の愛』／森瑤子訳『風と共に去りぬ』／美輪明宏
男の好み	エルビス・プレスリー／カラヤン／小泉純一郎（とアナクロなマッチョ好き）
セックスの頻度	週3

03

クラシック・ビッチ

美食家は、食にも性にも旺盛という人と、エロスの代替として美食だけに邁進する人に分かれるのに対し、クラシックの音楽家は前者でどちらにも貪欲。「好色といえば特に声楽がヤバい」というのは、音楽関係者も口をそろえて言うところ。自分の体を使って、どれだけパッションを届けられるかという使命が情念を濃くし、常に音楽的法悦のエクスタシーを訓練しているに等しいのが彼女たちの世界。歌うことの快感が主で、セックスがその追体験をなしている可能性さえなくはない。あるいは、セックスでつかんだ快楽境地を表現の手本とする、とか。

音楽の神に身を捧げているので、人とのコミュニケーションに興味はなく、ひとことで言えば美の世界を生きている。そこには世間ずれしていない迫力があるものの、結果、周りの人から見れば、狂気じみて映ることもしばしば。クラシック音楽家には、名作曲家、名演奏家は色を好む、という強迫観念があり（モーツァルト参照のこと）、セックス方面には貪欲かつ開放的。

ゆえに好き者の教授や先輩、家庭教師先のクラシック好きオヤジにハマって、教え甲斐のある性の生徒として、アブノーマル方面も含めその道を突き進んでいく（お前の演奏には色気が足りない、などの映画『ブラック・スワン』的肉体指導はホントに多そう）。小市民的な駆け引きなんぞには興味が無く、「この男」と思ったら、車の助手席で上半身裸になるぐらいの攻めはお手の物。いずれにしろ、すべてに迷いがなく、なんの駆け引きもせずに男を捕まえ、どれだけパッショネイトにセックスを展開しても、一曲終わったという感じですぐに忘れてしまう。

日常と非日常の境目がなく、わかりやすく言えば宝塚化しているので（実際の宝塚はハードな女の〝軍隊〟だが）、日頃からファッションもどこかおかしい。基本的に非モードで、アナタはどこでそれをお買いになるのか？　というトンチンカンさが身上。それは多分に彼女を厳しく育て上げた母親のバイアスがかかっており、フリルや柄物、ベルベットやシフォン、ゴブラン織りのような、ヨーロッパ貴族への憧憬のなせる技。髪の毛が長く、情が深いから髪の量も多い。両親がド金持ちであることも多く、権力と金がある父親にかわいがられているので、ファザコン。母親はステージママ。しかし、芸術好きなので、娘の淫乱も「恋多き娘」と言葉を換えることで納得する大らかさがある。男が自宅に連泊してもオッケーで、朝ご飯を一緒に食べたがる。

必ずと言っていいほど留学経験があり、どこかアジア蔑視がある。

04
ヘイ！キスミー！！
くるっ

逆輸入ビッチ

ビッチ度数…**60**点

ピーク年齢…**49**歳

外見	サングラスは必須（リゾート感）／センターパーツの黒髪ボブ／茶髪ロン毛に緩いパーマをあてて、崩したシニョンにしている
職業	コーディネイター／輸入代行業／ファッションブランドや古着店経営／趣味的なミュージシャン／業界職種のマネージャー
行動範囲	広尾／六本木／西麻布／横浜元町
行きつけの店	広尾のイングリッシュパブ「HUB」／広尾「ナショナルマーケット」通りにある「セガフレード」のテラス席／六本木ヒルズの「ハートランド」／レストラン「NOBU tokyo」／表参道「TWO ROOMS GRILL/BAR」のバー／青山の「ル・バロン」
友人関係	同じような雰囲気の同世代の遊び人とつるむが長く続かない／若い男
金の使い方	離婚の慰謝料が莫大に入っているので派手
趣味（好きなもの）	クラブ／ハウスミュージック（80年代ニューヨークの「パラダイスガラージ」で踊ったことがあるのが自慢）／ブラックウルフ・ジョーンズほか著『アメリカインディアン／聖なる言葉』／池波志乃著『いい女でいるのも肩がこる 新・女の甲斐性』
男の好み	金もしくは名声がある外人
セックスの頻度	パーティー毎に一回ずつ

04

逆輸入ビッチ

日本ではどちらかというとブスの範疇に入るご面相の女性が、海外で大モテという話は、周囲に山ほど実例がある。顔だけではなくて、気が強かったり、自己主張が強かったり、日本では嫌われる性格も海外では逆に「それぐらいで女は普通」とされるので、結果、日本では「ブスで性格も悪い」としか思われていなかった人が、海外で「この私で良し！」と自信をつけ、独特の外国オーラをまとってしまうことがある。昔から海外ブランドに弱い日本人はそれに気圧され、仮に海外の金持ちと結婚などしようものなら100倍の威力を持つと言っていいだろう。場合によっては離婚訴訟に勝って億単位で財産や、潤沢な養育費をゲットできた強者は、不動産を海外に持っていて、コスモポリタンな生き方をしていたりする。仕事はする必要がないか、もしくはコーディネイターなど。サッチーが海外の大学の卒業生だと経歴詐称していた

ように、日本人は海外のキャリアを崇拝するところがあるので、割り増し経歴詐称の人もたまにいる。

美容に関しては積極的で、高い化粧品を使っている。整形についても抵抗はない。不倫もアバンチュールと解釈。ある種の亜流外人なのでベタベタするのも平気だし、基本的にスキンシップ過多。これを受けとめる側の日本人男性も「メンタリティ的には外人だからいいや」と受け流しやすく、そういう男の事情で深い関係にもなりにくいので、とにかく軽くデキてしまう。あるいは始めのうちは本人も恋愛のつもりでやっていて、二〜三回寝るうちに男女関係が次のステップに発展すると、傷つくことを恐れて逃げ出すことも。つまり、本当の恋愛ではない。理想的にはハーレクインロマンスのような女王様的恋愛だが、ファッションセンスが良いため、イタい女にはならない。資質的には〝だめんず・うぉ〜か〜〟の部類。これはしかし、50歳ぐらいになってくれば、傷つかないようにする指数も高くなって、手練にもなってくる。あくまでも本人は恋愛のつもりなので、セックスの比重よりも恋愛作法に重きがあり、ポルシェを持っている男の助手席に座ってドライブするのが好きだったり。とはいえ、自分を選ぶ男には全部行くし、自分からもどんどん行く。

女からは一種の珍獣扱いなので、同性の友人はいない。飲み会に誘うといい男をあっさりと横取りしていく。「ガイジンだからしょうがない」と認識されつつ、様々な掟破りをしていく。あるいは、本人もそこにあぐらをかいている。

05

帰国子女ビッチ

ビッチ度数…**30**点

ピーク年齢…**27**歳

外見	『ビバヒル（ビバリーヒルズ高校白書）』風／ブラ見せ／生足／ロングの巻き髪にとがったネイル／アクセサリーのじゃらつかせ／足下はコルクのウェッジソールの編み上げ／口元にはグロスが悪光り／つば広の帽子をかぶったり
職業	外資系企業を経て会社経営／輸入代理業／コーディネイター／片手間でバイリンガルタレント業
行動範囲	ハワイ／ロス／ニューヨーク／シンガポール
行きつけの店	青山「ル・バロン」／ワイキキ「Cha-Cha-Cha Salsaria」／サンタモニカ「Cameo Bar」／シンガポールのクラブ「Zouk」
友人関係	同類／フェイスブック
金の使い方	派手そうに見えて堅実（親による）
趣味（好きなもの）	洋書でスティーブン・キング／ハリウッドゴシップ誌の「people」や「Us」／まったりとしたクラブジャズ／レディガガ／映画『ブラックスワン』／『セックス&マネー』／リース・ウィザースプーンの主演映画は観がち
男の好み	イケメンのモデル／中年のかっこいい自営業オヤジ／ＤＪ
セックスの頻度	毎日かゼロ

05

帰国子女ビッチ

別名、「上智国際（上智大学国際教養学部）ビッチ」。親が日本嫌いで、海外で成功したタイプ。自分は日本人の枠にはまらない実力者だと親は思ってるし、もちろん子どもはバイリンガルだが、両親のアンチ日本の影響か、日本語が不自由。読書やテキストを読み込むための言語が定まらず、アイデンティティ不安を抱える。会社の派遣駐在世代はまだしも、雑貨や服、インテリアアート貿易で当てた世代になると、この度合いは大きい。アチラではモテモテチアリーダータイプにはなれずに指をくわえてみていたタイプなのに、コチラでは「帰国子女枠」として

それがいとも簡単に実現されてしまうと理解した瞬間、奔放でも許されるビッチが誕生。舌っ足らずな英語混じりの日本語は、もはや嫌われこそすれ、好かれないだろうと思うのは浅はかで、実際には皆がいい意味での特別扱いをする。日本人の英語コンプレックスは強く、特に45歳以上のオヤジにはまだまだイバリが効く、というわけだ。

海外出自の自己顕示欲は強く、フェイスブックに親和性があって、「私を見て」写真がアップされまくり。友だちがいっぱいいるのが安心材料だから、スケジュールも毎日入れる。

この手の女性は男の中で、イメージ上の外国人女性（洋モノAVに端を発す）の奔放さと重なって見えており、英語混じりの日本語の軽々しさもあり、男からは大変に誘われやすい。ただし、最初から遊び感覚なので、やり逃げされることが多い。話を聞くと、ちゃんとした男と付き合えたことがなく、ただ単にセックスの回数が多いだけ。求められるからヤるだけで、本人は玉の輿狙い（だから逃げられちゃう？）。性的には、むしろ古風なモラリスト。主体的に自分の性欲を認めておらず、本人はいい男がいないとずっと思っている可能性が高い。外人と付き合えばいいのに外人はイヤだと言うのは、幼少期の人種差別のトラウマか。

外見はセクシーカジュアル。日本の女の子は基本的にブラ見せは嫌いで、下にタンクトップを着たり、薄物を入れるが、そこを外して奔放にカッコよく見せる。あとはジーンズかホットパンツに生足。日本でどう思われるかはわかってるが、気分はガイジンなのでオッケー、という。イメージとしては道端ジェシカや黒谷友香。

欧米白人の方がヒエラルキーは上という古いタイプの外資系で働くが、オヤジばっかりでつまらなくて辞めた。資産家の母親の助言もあって会社を起こし、人脈を頼りに海外ブランドのＰＲや日本視察の通訳、コーディネイターとして仕事をしている。

06
アメリ
気取り♪

文化系ビッチ

ビッチ度数…**50**点

ピーク年齢…**33**歳

外見	黒／シアタープロダクツ／スーザン・チャンチオロ／トーガ／古着／前髪が厚いボブ
職業	マネージャー／キューレーター／ＩＴ関連デザイン事務所／編集者／ファッションプレス／美術教師／カフェ店員
行動範囲	付き合う男の関係各所
行きつけの店	東京都現代美術館／ドミューン／「MOGRA」／六本木「SuperDeluxe」／「SNAC」／「VACANT」／2.5D／直島／アート関連の所はどこでも
友人関係	同種の女友達は表面上いるが、全部ライバル視
金の使い方	個性的（文化系の出費が多いので大変）
趣味（好きなもの）	付き合う男の趣味に会わせて／映画／音楽／演劇／美術／写真／カフェ巡り／雑誌「ブルータス」「Numéro」「ザ・ギンザ」に載るネタは全部
男の好み	芸大か慶応仏文卒の神経質そうなアート系／Ｓっぽい人
セックスの頻度	週３

06

文化系ビッチ

象徴的にいえば「アーティストの妻もしくは業界のアイドルになりたい女」。高校時代にはクラスの端っこにいて空気のような存在だった。トンがったファッションが好きだったのに誰にも共感されず、ブスでモテない、と思わされて孤独な毎日だったが、大学のサークルやバイト先などでその個性が一目置かれるようになり、急速に自信をつけていく。

ロリコン&変わり者好きのバイト先のデザイナー社長、もしくは美大の教授に惚れられて、セックスも教養も教えられ、「生まれ変わった私状態」で、今度は文化系の若い男を狙っていくという図式。アート好きではあるが、自分が主人公でアーティストを張るよりも、文化というツールを男探しに使い、才能あり出世するだろう男に霊感を与えるミューズになりたいタイプ。ロック文脈で言うと「グルーピー」。日本ではただのセックス要員として解釈されているが、欧米では実際に、ミュージシャンたちに、セックスとともにアイディアと人脈と霊感を与え続けた存在がいて、ロック史上無視できないものとなっている。

最初はたいがい業界を徘徊している編集者と付き合うが、すぐにその周辺の大物に乗り換える。乗り換えるときの常套句は「運命の男と出会っちゃった！」。捨てた男は、きれいさっぱり忘れるが、捨てられた方は大変なことになり、周囲の人間関係がグチャグチャになっても本人素知らぬ顔。以降、業界の有名人を渡り歩く。

それなりに見る目はあるが、最後のところで眼力を信じる主体性はなく、輝いている男の隣にいて、同等の力を手に入れたいという権力志向の持ち主。ごくまれに、無意識に野心を持っていて、付き合った男から手塚治虫『人間昆虫記』のようにすべてを吸収していき、そのうちにミューズでは満足できなくなって、アーティストとしてブレイクすることもある。

別れてもDVDや本は返さないのが基本。CDや本、美術書の入った本棚はそのまま男の履歴書。青田買いよろしく、まだ売れない若者に手を出すこともあり、その男がビッグになった場合は、〝あげまん〟と称えられることも。文化系の割に、腐女子的な萌えマンガ等の表現欲求は薄く、オタク性はみじんもない。なぜなら、彼女たちにとって文化アイテムは自分がファンタジーに遊ぶものではなく、自己を輝かせたり、男の気をひくためのツールだからだ。

ファッションは、ブラジルのヘルコビッチとか、ジェレミー・スコットのネオン系、トーガ、シアタープロダクツなど、アートオリエンテッドなもの。本人はそうは絶対認めないが、椎名林檎、カヒミカリィ、ビョーク、ソフィア・コッポラが、イメージリーダー。草間彌生が一般化したことを愁いている。ノーメークでふわふわと少女的な外見に多くの文化系が「惚れられた」と思いなびいていくが、一回寝たぐらいではステディになるわけもなく、男の選球眼はけっこうしたたたか。

小さい店を開いたらそれが当たって、アーティストのたまり場になり、サロンの女王として全うする場合も（これ、地方都市に多し）。

髪の毛は前髪の厚いおかっぱかベリーショート。もしくはオノヨーコ系のロング。太めのグラマーはいず、細くて少女っぽいイメージ。グルメではない。ひと言でいえば「パティ・スミスの呪い」がかかっている。お金の使い方は個性的。

震災を期に、沖縄や九州に移住し、その地にアートやデザインの風を呼び込むので、男関係にカタがついたら、「地方の時代」のトリガーになるかも。

07

森ガール・ビッチ

ビッチ度数…**30**点

ピーク年齢…**28**歳

外見	オーガニック・コットン／ロングのフレアースカート／通販のフェリシモ／アースミュージック&エコロジー／45rpm
職業	カフェ勤務／書店員／エコ系NPOの事務
行動範囲	自宅／山とか川／代々木公園／吉祥寺／下北沢／日本民芸館／鎌倉／軽井沢／宮古島
行きつけの店	無印良品／青山ベジカフェ／ヴィレッジ・ヴァンガード／鎌倉のカフェ「坂の下」
友人関係	女友だちが多い
金の使い方	清貧
趣味（好きなもの）	スウェーデンデザイン／スマーフ／羽海野チカ／ミヒャエル・エンデ／宮沢賢治／雑誌「暮らしの手帖」／いきものがかり／キマグレン／川上弘美著『センセイの鞄』／辰巳芳子（料理研究家）
男の好み	草食系で優しい人／と言っても、誰にでも合わせられる
セックスの頻度	毎日（たまに1日2回）

07

森ガール・ビッチ

草食系男子のさらに下位を装って男からの攻めを誘発するタイプ。森に住んでいそうだから、というこのネーミングは秀逸。浮き世離れしたファンタジー少女というのは昔からいて、いい大人なのに少女っぽい、リボンとフリルのピンクハウスのドレスを着て、軽井沢のカフェで大島弓子の『綿の国星』を読んで紅茶を飲んでいたものだが、彼女たちの視線の先には男はいなかった。それに対して、森ガールの方は、その外見に似合わず、はっきりと男性ゲットの欲望を心中に秘めていて、デートの最中によろけたふりをして男の腕にすがっちゃう作戦や、居酒

屋でオネムになっちゃって、男の膝で眠っちゃう作戦など、多彩な肉弾戦略に満ちている（というか、森系じゃないと、これらの作戦はほとんど正気では遂行不可能）。小林一茶のカワイイ句集などを公園のベンチで読んでいるが、あのナイーブさの一方で、日記に「一日、二交、三交」と書き記した一茶の性豪ぶりの両立を理解し、体現するリアリストでもある。マッチョなんてとんでもなく、女性に対して、男のリーダーシップを取ることができず自信喪失してる男にですら、「オレがいないと、このうさぎちゃんは……」と思わせるテクと記号をふんだんに身につけている。キーワードは優しさ、受け身、浮き世離れ、永遠の少女、自然食、エコロジー、手作り、ガーデニング、猫、犬、オカリナ……。映像で言うならば、コーヒー「ブレンディ」のCMに出てくる原田知世の感じ。草食にターゲットを絞ったことで分母も大きくなっているから、手当たり次第に庇護欲を煽り、時に大物を捕まえることも。小動物なりの感覚で、いろいろな男とつきあいつつも、どこがお得かを判断し、これと決めた瞬間に、ひそかに避妊ストップ。すぐに子だくさん体制にシフトする。

キーワードがオーガニックかつ癒しだから、こうした価値観は震災以降、強固になってるとも言える。文科系ビッチが都市型なのに対し、ひとりで山に行って本を読んだり、ゆったりカフェでお茶を飲んだりする自分時間が大好き。里山散策や私鉄沿線の散歩もお手のもの。少々文学少女入っていて、年上の脂っ気の抜けたジジイも大好きだから、里山ついでにそういうオヤジたちと仲良くなり、本気にさせる場合も多々あり。同様に、喫茶店のマスター、引退エコ農家亭主なども、森の毒牙に簡単に引っかかって、家庭をめちゃめちゃにされそう。

仕事は接客業で、書店員やカフェ勤務などが主。森ガール・ビッチ同士でバーベキューをやったり、天然酵母のパンを焼く会などを開くのも好き。「おばあちゃんの知恵」もかなりお気に入り。セックスの頻度は高く、いわゆるうさぎの子だくさん。家にいる時間が多く、ベタベタするのが好きだから、必然的にセックスが多くなる。

よつばのクローバーしゃん

ゴロゴロしたいにゃん
アルパカLOVE

08

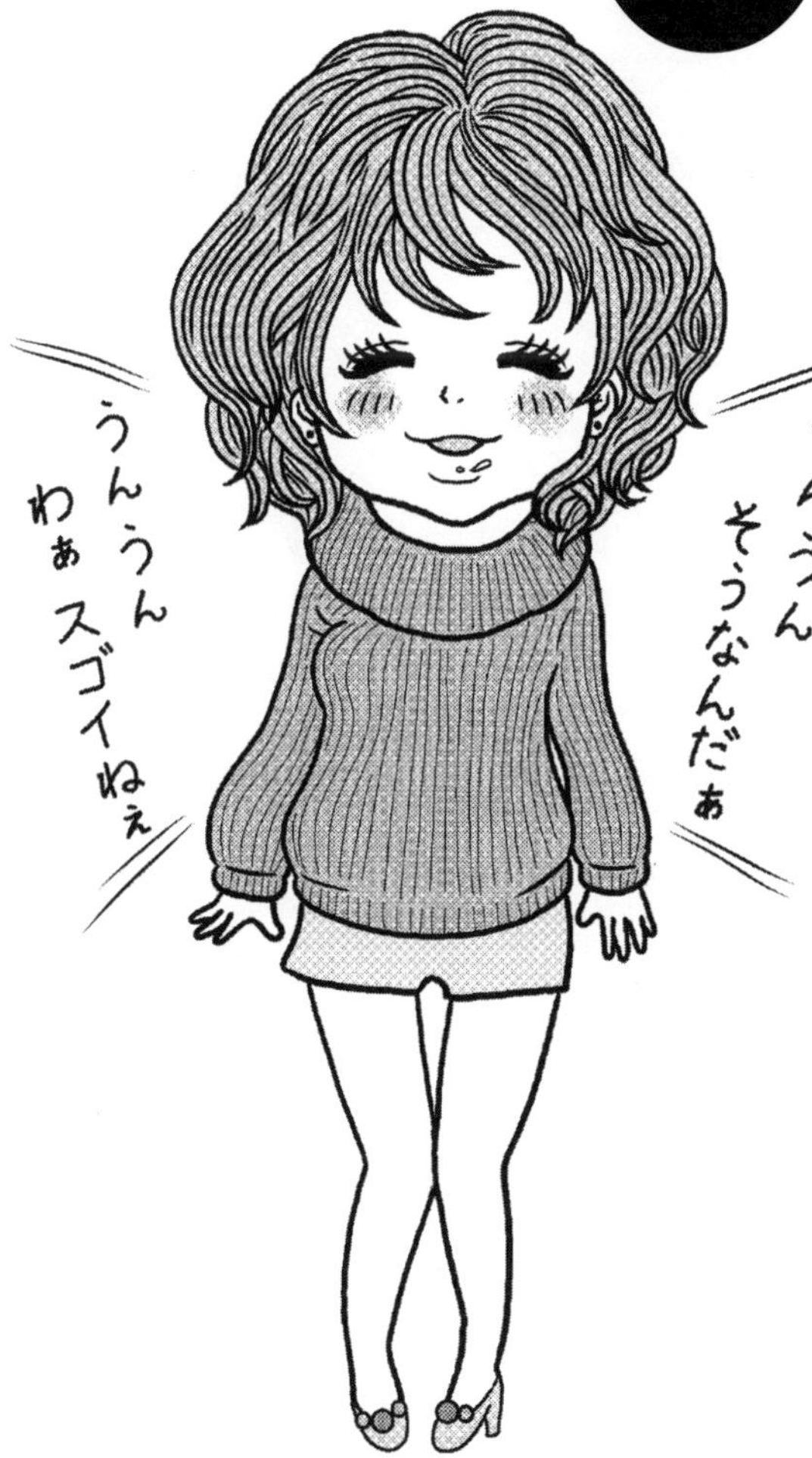
うんうん そうなんだぁ
うんうん わぁ スゴイねぇ

「猛禽ちゃん」ビッチ

ビッチ度数…**95**点

ピーク年齢…**33**歳

外見	ホワイトベージュのチュニックは胸の下でリボンで結ぶようになっていて、さりげなく胸を強調／裾がくしゅくしゅになる12分丈スパッツ／ハンドメイドっぽい毛糸とビーズでつくったネックレス／前髪を残した上野樹里っぽいふわボブ
職業	ＯＬ／派遣社員／公務員
行動範囲	新宿／渋谷／下北沢／ディズニーランド／居酒屋／コムサデモード／温泉旅館の貸し切り露天風呂／ブティックホテル／花火大会
行きつけの店	居酒屋なのに妙に隠れ家系の「土間土間」／スペインバル／「Afternoon Tea」／「Francfranc」
友人関係	女友達は少ない。
金の使い方	貯金／ブランドもののティーカップ集め
趣味（好きなもの）	Ｘジャパン／マンガ『NANA』
男の好み	来るものは拒まず／人さまの彼氏／みんなにモテる男
セックスの頻度	週４

08

「猛禽ちゃん」ビッチ

昔からあった男ゲットの王道「ブリっ子」のハイブリッド進化形。

森ガールは完全に受け身であるが、この手合いは完全に意識的かつ積極的。森ガールが自分の世界にこだわって、ファンタジーを体現化しているのに対して、猛禽ビッチのアイデンティティは「男に求められ、モテる自分」のみにあると言っていい。

ポリシーは「何やかや言ったって、男は、自己主張なんぞはせずちょっとおバカでいいお嫁さんになってくれそうな女の子が好き」。そのツカミは彼女が中学生のときに得たもの。頭が良くてクラスヒエラルキー上位の女の子と、もっさり地味な感じ（でも巨乳）の自分が、バレンタインデーに同じサッカー部の人気者にアプローチしたところ、自分の方に男が振り向いてくれた時から。ミクシィのコミュにひとりはいる感じで、草食じゃない男にも効き目がある恐るべき言語戦術と肉体戦術を持っている。命名は瀧波ユカリ『臨死!!江古田ちゃん』。

「ブリっ子」の時代よりも手口は相当に進化。「ブリっ子」とは、松田聖子の若かりし時、80年代前後当時の悪口称号だが、当時の手口は「わかんなーい」などといって、すべての決定権を男にゆだねるだけでよかった。ただし現在は、男の方がとっととリーダーシップの座から大逃走。「すべてをオレにゆだねられても困る」と思うようになったので、自ずと戦術も変わってくる。そこで有効になるのが、か弱いところを見せつつ、ある時は包容力、ある時は面倒くさくない女アピールも同時に匂わせるという総合力。

猛禽ビッチの場合、その内面の欲求も変化していて、目標はズバリ「男が自分にメロメロになり、自分に溺れて行く」という図式。ブリっ子時代は、いい男探しのゴールには結婚というものがあったが、猛禽ビッチの場合は「もっといい男がいるはず」という無間地獄に陥っていて、その行動に終止符を打つタイミングが難しい。というよりも、男から求められ、ちやほやされる快感希求がアイデンティティになっているので、それを止められない、といったところか。

近眼の振りをして男にぐっと顔を近づけたり、酔っぱらって男の膝に体を投げ出すなどの意表をついた奇襲攻撃など、言葉だけではなく、男の欲望に火をつける肉弾戦を、周囲を顧みず仕掛けて行く攻撃性を持つ。しっかりしているけれど、抜けているようにも見せられるのは、要するに自己プロデュース能力が高いということでもある。

外見は、典型的な今どきのカジュアル。ただし色は黒を選ばず、女らしいカラー一番手のパステル・ピンクや小花プリントを選び、肌の露出などは少ない。しかし、バストの下で切り替えがあり、胸が強調される（アンナミラーズの制服を参照のこと）チュニック、鎖骨が見えるオフタートルのアンゴラニット（フワフワ柔らかそうでつい触りたくなる）など、男を「ネコまっしぐらのフリスキー」状態にするポイントを熟知。ルーズめの格好で、長い袖からちょこんと出た手の表情で、男心を絡みとる、なーんてことも。

女友達の間ではあまりにも見事なその手口に、賞賛の声すら上がっているが、自分の彼氏や片思いの男がコイツに引っかかるに及んで、一転して最大の敵&嫌われ者となる。しかし、その村八分状況を、「何だか、～ちゃんが私のこと誤解しているぅ」などと男に涙目で訴え、その男が「コイツ、何もやましいことしてないぞ」などと猛禽ビッチを庇うに至って、女たちの怒りは最高潮に達するのだ。女友だちからは「二度と呑み会には誘うな！」通達が流れているにもかかわらず、鈍感な男がそういう場に連れてきてしまい、「アチャー」と頭をかかえる女友達を尻目に、猛禽ビッチは更なる狩りを始めるのだ。

09

ヒトサオ・ビッチ

別名：六条御息所ビッチ

ビッチ度数…**40**点

ピーク年齢…**43**歳

外見	滝川クリステル風ショートボブ／涙ホクロ／セオリーのシンプルなニットアンサンブル／ROSE BUDのフェミニンでアーシーなロングワンピ
職業	経理／総務などの管理部門／公務員
行動範囲	東急文化村／イタリアンレストランのランチ／本多劇場／フラメンコ教室／ヨガ教室／大人のためのバレエ教室
行きつけの店	新宿にある元役者がやっているバー
友人関係	親友
金の使い方	自分ご褒美のための温泉旅館一泊二日／京都／着物／らでぃっしゅぼーやの有機野菜
趣味（好きなもの）	江國香織／村山由佳『ダブル・ファンタジー』／白洲正子／映画『トリコロール　青の愛』／『つぐない』／宮本輝／韓流
男の好み	男が惚れる男／仕事のできる男／話が面白い男
セックスの頻度	週末に2回（ゆっくりと時間をかけて）

09 ヒトサオ・ビッチ

夫やパートナーはいるが、あんなにかつては激しく愛し合ったのに今はセックスレス。つまり、自分が愛されているという感覚がない渇愛状態。その満たされない想いと、40代前半の女の一生中最大マックスの性欲を、もう、がまんできんと、他の男に向けるタイプ。セックスレスの理由は「夫がもう、子どもの母である自分を〝女〟として見てくれない」「家族とはセックスできない、と言われた」など、日本以外の外国人がそれを聞いたら頭を抱えてしまうような内容。日本に輸入されたロマンチックラブがいかに、観念的でゆめゆめしかったか、の結果がこれなのか？　子育てが一段落つき始め、さあ、というときに、もはや同学年の男性の性的ポテンツも落ちているので無理はない話なのだが。

恥を忍んで自分から求めて行った時の、数回にわたる夫からの拒絶のされ方に覚悟を決め、「二度とテメエと寝る時はないだろう」と冷徹に出会い系のサイトに登録する。または、昔の恋人の番号に何気なさを装って電話する。行きつけのバーの若いバーテンを食事に誘ってみる。などの実行動に移る。夫の浮気疑惑から、「それじゃあ私も」と、「セックスは家庭に持ち込まない主義」をとる場合も。身ぎれいないい女であるし、典型的なＡＶの淫乱奥様の図式なので、男の方は大歓迎で、すぐにコトは成就し、ビッチ行動に弾みがつき始めるのだった。

ちなみにＳＮＳの一般化は、この不倫市場に拍車をかけたのは間違いがない。誰でもやってみる「昔の恋人検索」。それが上手く繋がって、デートまで至った場合、焼けぼっくいの火のつき方はこの場合あまりにも自然ゆえに早いはず。それと相まって、40歳以上になると頻繁に行われるようになる同窓会は、ビッチ行動の最初のきっかけとなることが多い。

しかしながら、いくらビッチ行動にいそしんでも、生来はロマンチックラブを結婚に至らせた成功者。本心では夫のことが気になって、行為に１００パーセント酔いしれることが出来ず、事後、密かに涙を流していたりする。おおよそ若いときには軽蔑していたような「男あさり」を、よもや自分がやるとは！　そのことに、心の底から罪悪感を抱いていてなかなか面倒くさい。

こういう人の場合、もし、ビッチ行動に出なければ、その性欲抑圧と、自分を顧みない夫への愛憎で、『源氏物語』の六条御息所みたいになって、その生き霊がいろんなところで災厄を引き起こしていそう。他人からは、優等生的に真面目な人だと思われているが、ごくたまに些細なことでキレ、その怒り方は伝説になっている。

人相的に涙ぼくろがある。ビッチ行為に至らない場合は、そのエネルギーをフラメンコなどの情熱的なお稽古ごとや、韓流ドラマのおっかけなどで発散。それって、今の日本の中年女の典型じゃないか?!　友人関係も狭く深く、人間関係が濃く描かれている映画も好き。

10

FXビッチ

ビッチ度数…**40**点
ピーク年齢…**26**歳

外見	腰まで届くロングのレイヤー（美容院ブローでつやつや）／細身でスタイル良し／黒いタイツ（トレンカ）に、袖がパフスリーブのチュニック（あやまんJapan監督の格好）／不思議なエスニック調のドレスとか、他人には分からない偏った好みがある／パワーストーンの数珠ブレスを左腕に
職業	デイトレーダー
行動範囲	コンビニ
行きつけの店	ブックオフ／新宿2丁目の売り専バー／ココイチのカレーから高級寿司までひとつの味が気に入ると通い続ける
友人関係	ネットで話す友達は多い
金の使い方	ユダヤ人的金銭哲学
趣味（好きなもの）	アニメ／ペット／ウォーカーヒル（韓国）のカジノ／映画『マトリックス』／書籍『ガイアの法則 ロスチャイルド、フリーメーソン、アングロサクソン—なぜ彼らが世界のトップなのか？』
男の好み	阿部（寛）ちゃん／時天空／スティーブ・ジョブス
セックスの頻度	月2

10

FXビッチ

バブル崩壊後、登場したニューリッチ層。個人投資家がじわじわと増え、金持ち＝大会社のサラリーマンや地主、という図式が崩れてはや10数年。今までの金持ちの図式では当てはまらないような種族が生まれている。特にその子どもたちは、従来のブランド学校ではなく、海外の全寮制、ことによってはフリースクールのような教育を受け、そのモラルやライフスタイルは従来のお嬢様観と違って、非常に個性的だ。

株と両親からの生前贈与等のマネービルで買った億ションで一人暮らし。父親がすでに帰国子女で、企業コンサルの日本大手で働いた末、やはり日本の会社風土に限界を感じ、独立したという経緯があり、現在はビジネス書などでもヒットを飛ばすカリスマコンサルティング。よって、我が子の教育も独自路線を貫き、幼い時から株をやらせたり、金銭リテラシーについては日本人離れした教育を娘にほどこす。私立の女子校に通うが、そのころはアニメまっしぐらのオタク少女で、いわゆる普通の日本の女の子の感性やモラル感というものが皆無。よって、恋愛ロマンチシズムからの影響をほとんど受けていない。

元々、物事に凝りやすく、ひとつのことを極め尽くすクセがあり、セックスも10代のときにつきあった、ロリコン好きのゲーム会社の社長のもとでさんざん教え込まれた。

お金に人が寄ってくることも知っているから、あからさまにそれとわかるような生活はせず、無闇と男を自宅に連れ込むようなこともしない。一方で、相手によかれと思って豪華なデートをすると、その男が増長して、だんだんタチの悪いホスト化し、嫌気がさし関係解消、ということが続いてしまうキライはなきにしもあらず。

女友達内の競争原理とは無関係。よって、見栄ではお金を使わないので、日常的にそれほど消費には向かわない。欲しい、と思ったら、それを実際に得るべく判断と実践をスピーディーに行うという株取引や親の教育から受けた行動様式は、そのまま、セックスライフにも表れる。普通の男と出会う機会があまりなく、そういった女の子としてのコミュニケーションが得意ではないので、目的遂行には、二丁目の売りセンバーやホストクラブという、プロのフィールドが舞台になることも多い。

11

路面カフェ・ビッチ

ビッチ度数…**70**点
ピーク年齢…**50**歳

外見	叶恭子っぽい豊かなロングヘア／妙にウエストがくびれている／ヒョウ柄・ゼブラ柄などアニマルプリントは定番／完璧なペディキュア／レザーの膝丈タイト／身体の線を見せつけるダイアン・フォン・ファステンバーグのカシュクールワンピース／ドレスアップの時は必ずナマ足にハイヒール
職業	主婦／ランジェリーショップおよび輸入雑貨の（雇われ）ママ／夫の経営する会社の経理および事務
行動範囲	広尾／白金／銀座／麻布十番／ハワイ／ミラノ／バリ島
行きつけの店	「ブルーポイント」白金店／広尾の「セガフレード」／広尾の「カフェ・デ・プレ」／冬場でも毛皮を着てオープンテラスに陣取る／葉山の「日影茶屋」
友人関係	人脈が広い／芸能人
金の使い方	ファッションと美容／ワイン
趣味（好きなもの）	エヴァ・ロンゴリア（『デスパレートな妻たち』）／ディスコ・クラシック／郷ひろみ（今がど真ん中）／TVドラマのノベライズもの／友達のマンションでフリマ開催
男の好み	夫に似たタイプ／野球、格闘技選手ならば問題なし
セックスの頻度	週2

11

路面カフェ・ビッチ

誰かに見られたい＝自分を誰かに見せたい……。

青春期に女子大生ブームとバブル経済の両方を体験したＪＪ世代で、女としてキレイでいて、いつまでも男のチヤホヤ視線を受け、男を欲情させる存在でいつづけることがアイデンティティ。商社マンと地味な結婚をして、即、夫のＤＶで離婚。年下のヘンな輸入業者と結婚して離婚。遊び友達に紹介された不動産会社の社長と、似たもの同士結婚で今に至るというバツ２の強者。

女子高生の時から化粧に目覚め、そのまま〝塗り〟技術をキープ。この世代の女性の旺盛なマーケット欲求によって、日本の化粧品メーカーは驚くべき品質向上を成し得たと言える。老化防止のためならば、整形美容も致し方なし、と思っている。スタイルがよく、足もキレイ。

高飛車なタイプと思いきや、話してみると庶民派で男を立てるわ、聞き上手で、人の悪口を絶対に言わない、ちょっとヌケてて可愛い、などという、性格の良さで身体も心も虜にする術を知っている。

セックス面では女豹のように挑発するが、ねんごろになると甘えさせてくれるお母さんに豹変する、男にとって都合のいい女だが、彼女は一生、男に惚れられる女でいたいので、そのあたりは割り切っている。お酒とお酒の場は大好きで、夜遊びは完全に日常の一環。泡ものが好きで、「私の体はスパークリング・ワインでできている」とか言いかねないほど昼からシャンパンを飲んでいる。イメージ的には川島なお美。

高校生の頃から心底の遊び人で、性的に旺盛。火遊び、という言葉にあるような、間違いをついついノリで犯すのが好きで、夫も似たようなタイプ。旦那とスワッピング体験、クルーザーでのヌーディストパーティーにも参加。しかし、本当のところは、乱交パーティーなどにもすでに飽きていて、お互いに分からなければ何をやってもいいと思っている（それゆえある意味、家庭は壊れようがない）。

娘が成人して、若いＤＪのボーイフレンドができ、母娘３人で飲みに行ったりするのだが、その若々しい肉体と素直な性格を前にして、思わず手を出しそうになっている自分がコワイ。

12

韓流ビッチ

ビッチ度数…**50**点
ピーク年齢…**38**歳

外見	スキニージーンズにグラデュエイターのヒール、トップスには片方の肩が露出するざっくりセーター／白いコットンのボーイズシャツの胸元アケ／エアリーなショートヘア／ドレスアップ時はその鍛えた背中をバッチリ見せつけるバックレスワンピ
職業	主婦／ジュエリーデザイナー／カラーイメージコンサルタント／ヨガ教師／栄養士
行動範囲	ホテルのラウンジ／韓国エステ／ホットヨガ／ソウルのハンジュンマク（韓式サウナ）／砧公園でランニング
行きつけの店	麻布十番の「グレイス」で参鶏湯／新大久保の延辺料理屋／品川の薬膳料理「10-ZEN」／発酵食堂「豆種菌（まめたんきん）」
友人関係	多い
金の使い方	エステ、美容関係／韓国旅行
趣味（好きなもの）	「モムチャンダイエット」／「ハイヒールはくだけダイエット」／Kポップ／ジャニーズ／映画『ロマンチック・アイランド』／イ・ギヨン出演のラブコメ
男の好み	韓流
セックスの頻度	キスまで／そこを越えてきたら、離婚再婚覚悟

12

韓流ビッチ

とにかく美人でナイスバディ。結婚していても自分磨きに余念がない。努力の人なので、そういう類友が2～3人集まるとすごい迫力。美魔女にも似ているが、「トラウマ&男関係で辛酸をなめてきた過去有り」というところがなく健康的。韓流がもたらした価値観というのは、男は男らしさを、女は女らしさを追求し、日本では存在が難しくなってきた、「恋愛パッションとときめき度をもう一度我が身に」ということ。ちなみに韓国の男女間には常に緊張感があり、オバサン世代でさえ、濃い口紅でビシッと化粧をしハイヒール姿で街を闊歩している。

日本人にはいわゆるヘタウマ嗜好があり、幼い、だとか、八重歯でも小太りでも可愛い、という欠点を愛でる性質があるが、韓国の儒教文化は、「完全な美」を求めることに容赦がない。実際に、KARAや少女時代、また、韓国旅行で目にする美女美男の大群を見るにつけ、本人一念発起。努力して結果が出ることが嬉しく、また、異性よりも同性からの尊敬の眼差しが嬉しくて、ついついハマっていく。よく見るとそんなに美人じゃないのに、その努力のたまもののスタイルと肌のキレイさで他を圧倒。ＢＢクリームとか、美容おたくのＩＫＫＯが流行らせたものを皮切りに、韓国の美容プロダクツにも精通。もとはイカツそうなＩＫＫＯがあんなにキレイに！　というところに説得力があるわけだ。

実は韓流ビッチは、直接的な男ゲット欲求があまりない。あくまで、目的は自分磨き。旦那様も愛していて、夫にとって自分がいつでも魅力的な〝女〟であるように努力をする、そういう〝正しい〟自分が好きなのだ。結婚していない場合は、自分さえ輝いていれば、いつかはいい男が求婚してくれる、というロマンチックラブ信者（言い寄ってくる男は多いが、年とともにそのハードルが高くなっているのを感じて焦ってもいる）。女友だちと年に数回韓国に行き、「いつまでも女でいたい」が口癖。友達と恋人とをはっきり分けるタイプで「もう、ヤツとは兄弟みたいだから（セックスできない）」が口癖。要するに「やらせないビッチ」なので、男は勝手に自爆。もしくはキスだけで、タクシーに乗って帰ってしまう（男はそのせいでかえって燃え上がるパターン）。最近焦り始めて、昔言い寄られた男をそれとなく誘惑してみたら、すでに結婚を決めた女がいることがわかってがっかり。

一方、夫がいる身でも相手が猛攻をかけてきたときだけ、「酒やムードに酔ってしまったから」という理由付きで、イタしてしまうこともある。そもそも夫と仲が悪いわけではないし、家庭を顧みるタイプ。そういう意味ではどこか古典的なので、「よろめき」も様式美として捉えている節がある。女性は自覚できる装置が好きですからね。

13

タニマチビッチ

ビッチ度数…**60**点

ピーク年齢…**45**歳

外見	ふくよかかつ大柄
職業	社長／経営者／自営
行動範囲	銀座／代々木上原／沖縄／上海（中国進出中）／パリ（ソルド目的で買い物中）／博多は長浜の屋台（出張中）／京都は祇園（　待中）
行きつけの店	西麻布の会員制バー／グランドハイアット東京「オークドア」／マンダリンオリエンタル東京内「センス」／銀座の高級カラオケ「エスタード」
友人関係	知り合いは多い
金の使い方	堅実／使い方が上手い（いわゆる“生き金”を知っている）
趣味（好きなもの）	映画『男たちの大和』／稲盛和夫ＣＤカセットブック／書籍『佳つ乃の京都案内』
男の好み	若い才能
セックスの頻度	週3

13

タニマチビッチ

別名「パトロンビッチ」。会社も軌道に乗り、ブランド買いや別荘購入にも飽きて、若い才能（男）につぎ込むようになるタイプ。エステサロンやネイルサロン、人材派遣業を経営していて、経営のなんたるかを知っている。イメージ的にはたかの友梨。実力派であり、存在感があって人望もある。愛情深く、母性も強い。若い女と浮気し、それが本気になってしまい家を出て離婚した夫とは、今でも仲良し。親友みたいになっていて、元夫と若妻と子どもと奇妙な家族ぐるみの交流が続いている。

基本的にヤンキー気質でアートは分からないが、芸能界的カンは持っている。名声欲があるので、「育てる喜び」の末、その若い男がヒトカドの人物になってくれることを望む。自分の葬式時に、育てた男たちすべてが号泣しながら棺をかついでくれるのが夢。音楽や文化に取り立てて詳しいわけでもない。しかし、知らないことを別段恥とも思わず、自分の好みやセンス上等でつまみ食いしていく。

姐御肌を慕ってくる若い男の中から、野心的で目が〝ギラギラ〟した役者志望に目を付け、いろいろ援助する。彼の芸の肥やしになるように、ブロードウェイで本物のミュージカルを体験させたり、歌舞伎やオペラに連れて行ったりするうちに、だんだんと自分も芸事が分かってきたのがちょっと嬉しい。案外古風な女なので、自分から押し倒したりしないが、立身出世や自分の身を安泰にするための若い男の枕営業にはたまに応じる。しかしそれに溺れたりはせず、逆に細かな心遣いをしてしまうので、若い男の方に執着が生まれ、けっこうモメることもある。

ホスト遊びも勉強だと思って一時、通ったけれど、お金目当てがあまりにも露骨なので興ざめ。それよりも、京都の祇園の舞妓遊びの方が断然面白かった。若い男に関しては、来る者は拒まず、去る者は追わず。昨今の傾向で、なかなか去らない男がいて、次のツバメが現れたときには、手切れ金のように店を持たせてやったりする。

保守的で基本的にニッポン大好き。一方でハワイや沖縄にも別荘があり、何かの時の不動産資産はバッチリ。自分の誕生日には大盤振る舞いをするような生き金を好む。

14

ナチュラル・ボーン・ビッチ

ビッチ度数…**99**点

ピーク年齢…**37**歳

外見	人相的には涙袋あり／口が大きい／仏像顔／エスニック好き／ロングソバージュか飾り気のないショート／籐のバスケットに何でも入れて使っている
職業	派遣／ウェブデザイナー／スタイリスト／店舗デザイン会社のマネージャー
行動範囲	世界のいたるところ／スピリチュアルスポット多数
行きつけの店	子連れでファミレスに行くよりは、公園でピクニック
友人関係	本人は淡泊だが、彼女を慕う友人は男女とも多い
金の使い方	子育てで余裕はないものの、困っていると金持ちの男が現れる
趣味（好きなもの）	ドラムン・ベースやレゲエなどビート系／映画『千と千尋の神隠し』／『皇帝ペンギン』／『アバター』／岡本太郎
男の好み	“ヴァイブ”が合う自由人
セックスの頻度	週5

14

ナチュラル・ボーン・ビッチ

セックスが大好きで、セックスの結果としての子どもも大好き。多産系で子どもができやすいタイプだが、堕胎という選択肢がなくて、好きになった人の子どもは欲しいと考えちゃうタイプ。少子化の今では、女性は皆母になること礼賛だが、それでも子どもをつくることは、女性にとって負担がまだまだ大きいので悩みどころのはず。しかし、このタイプには最初からそれがない。母親をやるとは限らないし、家庭には収まらないけれど、少子化に悩む地域では希望の星。女性が性愛や自我を表現することなど考えられなかった時代に女性の官能性を堂々と歌い上げ、自らも不倫の後で結婚した与謝野鉄幹との間に11人の子どもを産んだ与謝野晶子などは、その原型（とはいえ、すべて夫の子どもで、有島武郎とはプラトニックラブだったが）。

このナチュラルボーンな女性力の強さは、男性には無意識領域で伝わるらしく、モテる。特に、小賢しい女の戦略に飽き飽きしているモテ大物系がこの手の女にハマりやすい。しかし良妻賢母かと言えばそんなことはなく、次なる魅力ある男が現れたら「はい、それまで」（参考：大竹しのぶ）で、とっとと子どもを連れて次の魅力あるオスのところに出奔する。フランスを代表する色男、セルジュ・ゲーンズブールをメロメロにした、ジェーン・バーキンもそのクチで、最初の夫は有名作曲家、三番目は映画監督といい男揃い。そしてすべてに美形の娘がいる。

母性とビッチの融合とも言えるタイプで、「好きになった人とはセックスをガンガン楽しみたいし、その人の子どもを産み、育てたいと思うのは当然」という女性性全開礼賛。しかし、実際これを実行するには、父系の家の相続や男の沽券やらの問題で、近代家父長制を色濃く残す社会にとっては非常に迷惑なことは事実。子育ても女ひとりだと経済的にも体力的にも難しいので、日本では結婚、離婚を繰り返していくタイプが多い。しかし、こういうタイプは男が敬遠すると思いきや、次から次へと男をゲットできるのも彼女たちの膂力である。外国に行く時に、夫や子どもだけでなく愛人も二人連れていって、それを称して「理想の家族」と言った岡本かの子など、こういう生き方に対して、女のファンは多い。相手に妻がいる外国人男性に恋をし、彼の子を三人産んで、シングルマザーとしてアメリカで生き抜いた桐島洋子なども、後に才能ある男性と再婚しているし、引きは強い。

料理好きが多く、好きな男を舌で感動させる術を知っている。ファッションにほとんど興味無いが、いざドレスアップすると、その美的センスを使って見違えるように化ける術を知っている。感覚が優れているから、文脈を押さえなくても音楽や映画も通なものがすぐにわかって、その直截かつツボにハマリまくりの感想が、お世辞に慣れ切っている大物アーティストの興味を大いにひくこと多々。

15

メンヘラ・ビッチ

ビッチ度数…**20点**

ピーク年齢…**23歳**

外見	やせ過ぎか太り過ぎか／美容院に長いこと行っていない感じのロングヘア／顔は可愛い／ファッションに対してのエネルギーはあまり感じられない／色はぼやっとした中間色か黒／ミニスカートの露出が過激だったり、胸元が異様に強調されていたり、男の劣情を刺激する無防備さ満載のカジュアルセクシーウェア
職業	バイト／派遣／大学に入り直して再度大学生／軽い風俗系
行動範囲	ひきこもり気味
行きつけの店	コンビニ／ファーストフード店
友人関係	ゼロ
金の使い方	勧誘に引っかかって高価な美顔器を買わされたことがある／たいがい男に巻き上げられている／整形関係／スピリチュアル関係
趣味(好きなもの)	ゲーム
男の好み	芥川賞受賞の田中慎弥／ビジュアル系／大学教授など教える立場の人／加藤鷹
セックスの頻度	つきあったら毎日何回でも

15

メンヘラ・ビッチ

「性格いいね」とか「面白いね」とか、「〜ちゃんはそのままで充分カワイイ」などと言われる類の内的な賞賛をあまりされたことがなく、成功体験が非常に少ないので、まずは自己承認欲求がねじ曲がっており、かつ強力。当然、周囲の人間と上手く楽しくやっていくコミュニケーション力はあまりなく、そのエネルギーが、普通の女の子とはちょっと違っているし顔は可愛いので、〝不思議ちゃん〟好きの男がよくひっかかる。自分から行く場合は、部屋に入るやいなや全裸になるなどの奇襲攻撃を得意とする。それに抗える男はまずいないので、ここだけは成功体験を重ねている、と言えるのだが。

　セックスは、形の上では男が自分に向けて性欲求のエネルギーを一身に走らせくれる行為。加えて、肌と肌のぬくもりや触れあいも得られるわけで、「愛されている」という自己承認機能をインスタントに満たしやすく、よって、セックス依存症気味になっていく。一回でも付き合うと非常にその男に執着し、男に支配されることを好む。SM関係にも強い憧れがあって、もちろん、役割はM。Sのご主人様の快楽に従う奴隷、という非常に安定的な物語の役割に自分をはめ込み、「ダメなワタシ」を罰せられることで贖罪。そこに性的快感も伴うので、ハマっていくタイプも多い。

セックスだけが、自分が人に求められ、人間であることを感じられる一瞬である、というような、ある種のAV女優に見られる切実な欲求地獄に陥る。過剰につくすことで安心できるから、自分の話を聞いてくれる優しそうなタイプを求めると同時に、ワイルドな男の支配力をも求めている(そのため、つきあいはじめるとそれを引き出すために、男の気に障ることをわざと行い、男の暴力を誘発する……というパターンも多い)。

男の家に居座って勝手に掃除をしたかと思うと、狂言自殺プレイに転じたり、非常に情緒不安定。傷つくのがこわくて、モノとして扱われた方が精神的に安定する面もある。それでも男の情が移り、彼女を一人前の人間として愛し始め、大切に扱おうとすると、そのことで逆に不安定になり、次の男に行ってしまう。

ありのままの自分が嫌いなことと、深く入り組んだコンプレックスからの解消策の一つとして、美容整形を繰り返すこともある。

仕事も安定せず、ジョブ・ホッピングが激しい。さもなければ実家の家事手伝い。

16

20●●年●月○日 22:10

TITLE:コスプレです♡

バーチャル・ビッチ

ビッチ度数…**30**点

ピーク年齢…**19**歳

外見	グラドルのマネ（熊田曜子とか）／各種制服／水着（スク水から、過激ビキニまで）／ボンデージ／あひる口／モヘアの半袖セーターにフレアのミニスカート
職業	派遣／ＯＬ
行動範囲	ネットに出没
行きつけの店	ネットカフェ／ファミレス
友人関係	適当に
金の使い方	Yahoo!オークション
趣味（好きなもの）	ぬいぐるみ集め／ケーキバイキング食べ歩き
男の好み	妻夫木聡／松山ケンイチ／ジャニーズ系／お笑い系／芸能界の人なら何でも
セックスの頻度	月１

16 バーチャル・ビッチ

20●●年●月●日 00:36:09
TITLE: 水着買ったのだ〜

実際に男を渡り歩くビッチ行動をするのではなく、ネットで別人格になって、過激なセクシーショットをアップして（全裸のピアノ演奏やバスト成長日記、などなど）、男からのレスを楽しむバーチャル系。アムステルダムの娼婦よろしく自分で飾り窓をつくって、ブログ＝ひとり売春宿を開設するような感じか（そういえば、熊田曜子そっくりさんで、くまぇりの名でブログをアップし、ネットアイドルをしていた放火犯人がいた）。

アイドルが戦後日本に生まれ、もはや40年。女性の夢としてのアイドル願望は非常に強く、そのステージも芸能界を飛び出して、秋葉原の路上やライブハウス、ネットなどに、インディーズの形で進出している。「こんな普通の子でも、アイドル、もしくは男性のオナペットたるグラドルになってみんなに愛される」というパンドラの箱がネットによって出現してしまったのだ。秋葉原のストリートアイドルたちのように、ネットの存在によって、インディーズで人気者になりチヤホヤされることに気がついた女たちが、ここに群がり始めている。

ミクシィやツイッターなどのSNSやブログをグラドルに似せてつくり、日記や写真を更新すると、実際に男たちから賞賛やおっかけのような反応があり、そのバーチャルなモテの心地よさにハマっていく。そういった熱烈な自分のフォロワーの中から、これは、という男にダイレクトメールを送って、デートセックスに至ることも。しかし、このタイプのバーチャル男というのは、たいてい非モテで独占欲も強いため、セフレのようなあっさりした関係にならず、男の方に執着が生まれ、ストーカーや炎上などの迷惑行為に走られてしまうことがあるので、一回、恐ろしい目にあったタイプは、ビッチぶりをバーチャル露出だけにとどめておくように心がけているそう。

20●●年 ●月●日 09:15:06
TITLE: すっぴん!!!!!!!!
と、いいつつ
カラコンはあり

20●●年 ●月●日 19:03:11
TITLE: ピアスGET☆
と、いいつつ
顔がメイン

3 ビッチ座談会

アラフォー・リアルビッチ・トーク

登場人物

りんご　銀座のクラブに勤務するアラフォー世代。中学生の時にＡＶにスカウトされるも、あらゆる誘惑を撥ね退けてドラムン・ベースのクラブに通い詰める。レインボウ・ブリッジでのセックスと、ポケットにいれたリンゴを女性のお尻に押し付けるというＡＶ作品が好き。

ロイク　現在は飲食店情報のウェブ会社に勤務するアラフォー世代。温泉街出身で、ひょんなことから連れて行かれた、基地周辺のバーに入り浸り、黒人兵士たちとラブアフェアを繰り返すブラパンとなる。一時はアメリカでの生活も試みたが、日本に戻って職場の同僚と普通に結婚。

湯山　りんごさんは東京中の非常階段を総なめだとか。

りんご　知らないですよ（笑）。まあ、非常階段でやったら良かったという。

湯山　女同士というのはあまり話さないですよね、こういうこと。

りんご　そこに集中して話すというのはないですね。久々に会ったら違う話ですよ。

ロイク　ねー、「よかった」とか言わないよね。言葉ではアレなんで、写真を持ってきたんですよ。（一堂、身を乗り出す）

湯山　わはは、見るからに悪そうだなー。というアナタはもしかして……。

ロイク　そうです、ブラパンだったんです。

湯山　日本では珍しい「外見と中身の裏表」がないビッチたちですね。でもなぜ、ブラックに行くんですか？　ヒップホップ世代でしょ？　やっぱり音楽から？

ロイク　私、クラブで遊んでたんですけど、30（歳）手前で窮屈になってきて、何も知らなくてもひとりのお客さんとして遊べる場所がたまたま横浜のサーカスだったんですね。ブラパン用語でドブ板のことを「ハーンチ」というんですけど……。

湯山　いい情報ですね。ハーンチ。「カーンチ、セックスしよ！」は「東京ラブストーリー」だったよね（笑）。

ロイク　あとは六本木のガスパニック。

湯山　ガスパニックか〜。一方、りんごさんはそう見えて愛国者なんですよね。

りんご　そう、日本人だけ。

湯山　向こうにはガールハント文化があるから、絶対、声をかけられて……そうなるじゃないですか。それからワンナイトスタンドでやりまくり？

ロイク　そうですね。それだけを求めてるわけじゃないけど、結果、そうなる。

湯山　それは電光石火で決まるの？「ヘーイ」とか言われて、お酒飲んだ後に、どう誘われて、どこでヤルの？

ロイク　相手の家かモーテル。

湯山　家って、基地に入っちゃうんだ？

ロイク　ベースの時もありますし、外に家がある時もある。

湯山　ブラパン以前の、クラブで遊んでる時は、むしろそんな感じじゃなかった？

ロイク　大人しいものでしたよ。たまにはナンパされて、やったこともあるけど。

湯山　日本のクラブってナンパ文化はないからね。外国人に声をかけられた時はショックだったんじゃないですか。

ロイク　うん。つーか、しがらみのないのが楽でしたよね。日本だと、どっかで繋がってるんで、前の彼氏の先輩だったとか。

湯山　それに、洋物のAVでお馴染みのアレの巨大さと態度！　日本の男とセックスなんてやってられなくなった？　日本の男は世界で27位だって言いますからね。たしかサウジアラビアの下。日本の女は世界で三位に入ってるのに。

ロイク　でも、前戯がないんですよ。逆に、クラブで身体をくっつけあって踊っている時からヤツらは立ってて、ぐいぐい押し付けてくるのが前戯なのかも。

湯山　そうか、クラブという文化装置がすでにセックスの前戯！　持続時間は？

ロイク　酔っ払ってると長かったりするんで、キツい時もありますよ。

――平均はアメリカ人が10分、日本人が一時間らしいですよ。

一堂　えー（怒）。

湯山　一時間は、ウソだな（怒）。

ロイク　でも、10分というのはうなずけますよ。

――回数を比較すると日本人は確かに少ないんだけど、時間換算では話が変わってくるというリポートでした、それは。

湯山　日本人はシオを吹かせることにこだ

わったりするので、世界の人には変態だと思われてるらしいですよ。

りんご　向こうの人は穴めがけて……。

ロイク　そう、そう。そして彼らのいいところは肌質とか匂いとか雰囲気。

湯山　欧米の男性はけっこうフレグランスを身だしなみのように使いますよね。体臭がキツイからかな。

ロイク　それが体臭とあいまってイイんですよ。

湯山　白人系は？

ロイク　白人好きもいますよ。ヤギパンといって。

りんご　ブラパンとぜんぜん違う。

ロイク　仲悪いんですよ、ブラパンとヤギパンって。

湯山　人種間闘争が女にも影響するわけか。

女を裏切るのはビッチ

湯山　いまだに、そのブラパン人生は続けてる？

ロイク　35くらいで卒業しました。28くらいから始めて。

湯山　（フランクフルトソーセージをホットパンツにはさんでいる写真を見て）これ、ヒドいなー（笑）。

りんご　この人はブラパンの前からこのノリですよ。それがまた似合うんだよなー。

ロイク　それは地元の後輩ですよ。高校時代は、私、真面目グループでしたから。

湯山　それは本人がそう思ってるだけだと

思うよ。傍から見たら……。でもそうか、高校時代は大人しかったの。りんごさんは、中学生の時AVにスカウトされたって。

りんご　池袋で、最初、30万円と言われて。中学や高校の時って、なんでかいろんなスカウトを受けて、事務所に連れていかれたり。宮沢りえのポスターが貼ってあったと思ったら、AVのパッケージがたくさん積んであって、怖くなって逃げたり。私は体も大きかったし、小六でブラジャーつけないとヤバかったから。身体はおいしそうに発育しちゃってたんだけど、22まで遊んでないんですよ。遊ぶと言っても二股とかじゃなくてフリーのときに出動する感じ。

湯山　そこから旺盛になっていったんだ。ここで、おふたりの旺盛ポイントを教えていただきたいんですけど。

ロイク（りんごに）わかる？　自分で。

りんご　ポイントというより、誰かとつきあっていても、そのセックスに飽きてきたら、浮気心が芽生えるとか。でも、好きな人ってそうそうできないから、この人だったらカラダ目的だけで行ってみましょうというのはあった。

湯山　ステディな時は浮気はしない？

りんご　あるけど、自分からガルルー、とかではなくて、彼氏が旅行でNYに行っちゃった時に、誰かが訪ねて来るわけですよ(笑)。彼氏の友だちだったんだけど、その時はそうだと知らなかった。

ロイク　それはビッチじゃないと思う。女友だちの彼氏とやっちゃうのがビッチだよ！

湯山　まー、私から見たら二人とも充分、ビッチなんだけど、ふたりのビッチ観を教えて下さい。

ロイク　女に対してヒドいことをする子、女を裏切るのはビッチ。友だちの彼氏と寝るのはマナー違反じゃないですか。

湯山　そればっかりやる女もいるよね。絶えず人のものが好きになるタイプ。

りんご　ウザいよねー。

湯山　そういう女は友達グループの中でどういう風にディスられるの？　飲み会に呼んでもらえなくなる？

りんご　表向きは何もなく、普通に避けられていく感じかな。でも、実際直にやられたら、こっちもそんなにオトナの態度じゃいられないんだろうけど。

ロイク　ブラパンの世界だとケンカですよ。殴り合い。

湯山　ツカツカってテーブルにやってきて水かけてバーン？

ロイク　そう。私も殴られたことありますよ。男に彼女がいたらしいんだけど、それを隠してて。ちょっかい出してきたから、普通に喋ってて、そいつが舐めてたチュッパチャップスをもらって、舐めた瞬間に後ろから殴られた（笑）。

湯山　ブラパンって、そのジャンルになったとたん、行動が欧米になっちゃうんだね。だって、普通、殴らないじゃん。

ロイク　元々がそういう子なんですよ。日本人の規格から外れてる。日本人の男から相手にされない子で。お父さんもいないし、お母さんは男を追っかけてて、弟はニート。彼女が夜の仕事して生活を支えているんですけど、その仕送りをお母さんは宗教につぎ込んじゃったりとか。でも、暗くはないんですよ。もともとがそれだから。誰にも愛情を求めてなくて、カッコいいもんなんですよ。むしろ悪の美学といえるぐらい。結婚もアフリカ人との偽装結婚で。兄と結婚したことにして本当は弟と籍を入れてて、もっと複雑なんだけど、交互に日本に来させたりして。

湯山　真のアウトローがいるんだね。ブラパンの中には本来、生きた英語が習いたくてガスパニックに通ってたとか……。

ロイク　それは建前だと思ってます。だって、普通に英語教室、行けばいいじゃん。

湯山　そりゃそうだ。ブラパンはどこでワンナイトスタンドからステディになるの？

ロイク　男が「アイ・ラヴ・ユー」と言ってから。

湯山　言葉によるステディ宣言か。まあ、独立宣言の昔からのアメリカの伝統ですよね。それと、日本の男って女への注文がいちいち多いじゃない？　太ったり、ブスだったりすると論外、という。海外だとものスゴい許容量が大きいよね。規格外でも女として扱われないということがない。

ロイク　自分の彼女にしちゃうと食べさせて太らせたりするんですよ。他の男に持ってかれないように。

湯山　そりゃ、すごい。

りんご　ブクブクになって飽きられたりしないの？

ロイク　あるよ、離婚とか。

草食の次の世代がいる

湯山　りんごさんのビッチ観は？

りんご　やっぱり自分の彼氏を盗る女ですね。すでに、ヤリマンのことをビッチと呼ぶ時代じゃないですよ。

湯山　だよね。昔からの手口で、ブリっ子というか、表面は大人しくしてるんだけど、実際にはスゴいやってる戦略系の子っているじゃないですか？　そういうのをビッチと呼ぶのかなと。

ロイク　そうだと思います。

湯山　ふたりの周りにもいますか？　目が悪い振りをして身体距離を近づけたり。

りんご　けっこう多いよ。男にも多い。でもみんなにやってるのを見るとさ……。

湯山　右側から囁くのはいいらしいんですよ。性感帯は右が強いらしい。寿司屋で左に座らせて右から攻めろって、心理学者が言ってた。

ロイク　なるほどー。使おうー。

りんご　銀座のクラブで働いてて、こいつヤな女だなと思うのは、確かに素人ぶる子。私よりキャリア長いのに。そういうのが「キャッ」とか言ってると「はあー」みたいな（笑）。そういうのを見抜ける男の人も多くなったと思いますけど、好きな人もけっこういますからね。バレてるというのか、理解されてるというのか。

湯山　ふたりから見て、最近の男は変わってきた？　いま草食化だけど。

ロイク　草食の次の世代がいますよ。もっと野心家な感じがその下の世代に。

りんご　草食っぽいのは、もう私は眼中になさすぎてわからない。ソフトな感じの男性は周りにも多いけど、向こうから来る人はその時点で草食じゃないし。

湯山　自分からは行かない？

りんご　行ってるけど、直接じゃなくて、友だちっぽい雰囲気づくりから入っていく。そういえば、肉食男でひとり、スゴいのはいたけどね。

湯山　あー、ヒップホップの？

りんご　「お前はいい女だ」って強引にお尻ばっかり触ってくる。つーか、グッてつかんでくる。そんなことされたことなくて、踊ってると、セクシーだ何だって、いちいち何か言ってきて、あげくに誘われたから、ここまで攻め込んでくるなら、まあいいか、と（笑）。その日はTバックに、なぜかオーバーオールだったんだけど、喜んでくれたよ「うおおおおー」って吼えてた（笑）。

湯山　そりゃ、いい男だ。

りんご　でも奥さんとかは大事にしないよ。

湯山　なるほど。ロイクさんは最もオスっぽかった相手は？

ロイク　うーん。黒人はみんなオスっぽいからなー。

湯山　綺麗だ、セクシーだってガンガン言ってきて、お持ち帰りして、現場では挿入

10分。

ロイク　そう。ひと晩中、向こうは勃ってるので、密着して踊るんですよ。

湯山　先ほどの、文化装置が前戯説ね。

ロイク　男からしたら女も誘ってるから。お尻つけて踊って。でも、日本人の女子としてはそれだと物足りない。ベッドで即、挿入で終了ですから。

湯山　ヒップホップ好きなBガールはどうなの？

ロイク　そう、Bガールは男に媚びた感じはしない。女を意識してる感じはない。

初めての体験が6P

湯山　ブラパンやってると女同士は仲良くなってくの？

ロイク　なりますよー。ピラミッドの上に金持ちの社長の娘とか芸能人の子どもがいて……。

湯山　ヒエラルキーがあるんだ！

ロイク　大物俳優S・Jの娘とかがいて。

湯山　悪そうだなー。挨拶とかすんの？

ロイク　しないです。張り合ったって、金持ってるんでダメなんですよ。男も金がある方に行くから。ベンツで来られたら……。

湯山　ぞろぞろ持ってけるわけだ。安めのホストクラブだね。1000万円とか使わなくても、ひと晩、五万円ぐらいで四人くらいは付けられる。一番ハードだった時の回数は？　ひと晩に二回、違う男とか？

ロイク　私じゃなければ、ブラパンで6P

がいましたよ。相手は全部、黒人。
りんご 男五人、スゴい―。
ロイク 彼女は大学生で、さすがに「大丈夫だった？」って訊いたら「サイコー」って。
湯山 素人の女子大生がどうしてそのシチュエーションに持っていけたんだろう？
ロイク その子は人生でモテたことが一度もなくて、初めて爆発したんだと思うんですよ。日本人とはセックスしたことなくて、それが初めてだったから、そういうものだと思っちゃったんでしょうね。
湯山 ちなみに、めくるめくブラパン界から足を洗ったきっかけは？
ロイク 会社が変わって仕事が忙しくなって。あと、その会社で知り合った人と結婚して。
りんご それがもうどれだけの衝撃だったか（笑）。「ナニー、アンタ、結婚は日本人とするのか」って。
湯山 なんで、年貢納めちゃったの？
ロイク 断る理由がなかったし、やりたいことをやって遊んで、本当に疲れちゃったんです。実は男を追いかけて、アメリカにもしばらく住んだんだけど、その男の離婚が成立してなくて。結局フラれちゃったんですよ。軍隊って基本、向こうで就職できない人が入るものだから。「犯罪者になるか、第七艦隊になるか」って言われてる。もう横須賀は疲れたと思って。結婚したら寂しくないということが、今のダンナに会ってわかったんですよね。それまでは付き合っってても寂しかったんですよ。だから浮気もするし。

湯山　黒人のステディもいたの？

ロイク　（写真をさして）これ、彼氏。

湯山　カッコいいー。

りんご　カワイー。年下でしょ。

ロイク　もちろん。

湯山　普通、どっちかの浮気で別れるの？

ロイク　ネイビーが移動になって他の国に行く時が潮時なんですよ。

りんご　船が出る時に、みんな、自分の裸の写真を贈るんですよ。それ聞いて衝撃で。やっぱり日本人でもそれぐらいした方がいいのかなって思って、自分もやりました。

——どんなポーズなんですか？

ロイク　普通にキレいな感じですよ。でも、白人の女はパカっとかやっちゃってる（笑）。付き合った男の前の奥さんが白人で、部屋でソレ見ちゃったんだけど。でも、日本人の女の子もぜんぜんやってたかな。

笑わせたらオッケー

湯山　写真は撮る方？

りんご　え、やってる最中に？　ハメ撮りはなーい。

ロイク　私もない。

湯山　コレ、好きな人がいるんだよね。

——女の人が好きなんですか？　写真、撮るの？

湯山　男が好きだよねー。

りんご　私は自分が楽しむ分には撮っても

いいかも。自分がこっそり撮る分には。
ロイク　私は自分を見たくない。
りんご　昔、ラブホテルに鏡が全面についているところがあって、それに映ってたりすると、けっこう気になっちゃって。腰の反りはどうかなとか。チラって見たり。
湯山　クラブかなんかでいいと思った男がいたら、自分から落としに行く？
ロイク　私はあります。笑わせに行って、オッケーみたいな。
湯山　それがブラパンの流儀？　でも、ガハハで仲良くなった後に、どうやってセクシー・モードに持っていくの？
ロイク　笑った五分後にやるわけじゃないので。ひと晩かけたり、喋っているうちに距離が縮むじゃないですか。そうしたら自然に……。
――赤塚不二夫パターンですね。500人の女と寝たらしいけど、寝たいと思って話しかけたことはないという。その方が後腐れもないそうです。
湯山　バーのどこかに座ると、そういう決め事になってるとかは？　アメリカ映画によくあるような。
ロイク　それはもう、店自体がそうですから。横須賀だったら、男ゲットするために女の方が席をとってる。知り合いが来て話しかけても、お前が隣に座ったら男が座れないから来るなって。
湯山　りんごさんは自分からは行かない？
りんご　近づいてみたりはしますよ。その気がなさそうなフリをしてみたり。でも、向こうがこっちのことを好きだろうなという気配が前提。

湯山　あんまり冒険しないんだ。

りんご　しなーい。やっぱり友だちからの発展が多い。

湯山　でも、野球選手とか。

りんご　その人はその時はフリーで、お声がかかったんで、チャンスは逃しちゃいけないと思って。それは行くでしょ。

湯山　野球選手は服装がダサいって。

りんご　体つきがそうさせると思う。筋肉とか腰周りやお尻がデカすぎちゃって、小奇麗なカッコをしても似合わないから。でも、胸板に目覚めちゃいましたよね。最初、自分より背の低い人はどうかなと思ってたんだけど、胸板があればいいいんだってそのとき思った。

ロイク　寝てるときに目の前にあるとねー。肩とかヤバいよねー。

りんご　腕をまわした時のミチッとした感触がたまらないんですよ。

ＤＪの指先をチェックする

湯山　男はどこで見分けるようになった？指が長くて綺麗な人はスゴいとか言うじゃない？

りんご　……指はセクシーポイントですね。細くて長くてキレイな指にはグッとくる。(顔を真っ赤にして) 私の場合、たとえば、ＤＪクラッシュの指先が気になってしょうがなくて。リキッドルームとか一番前でかじりついて見てた。Qバートとかも好きで、握手したら、スゴい細いの。DJテクニックが、アッチ方向とオーバーラップしちゃいます。クラブに遊びに行くのが好きな子は、指先はチェックすると思う。

湯山　そういえば、ドミューンのツイッターでも、「DJの指使いがエロい」という書き込みが何度もツイートされていますよね。

りんご　ブースの中で音楽をチェックしてる女は少ないし、一見音楽ツウに見えるんだけど、実は興味はそちら（笑）。手の動きって魅力的で、私はじーっと見てた。クラッシュって色気あるなーと思って。

湯山　その動き自体がね。

りんご　別モンなんですけどね。堅いもの（＝レコード）ばっかりこすってるのと、人間の体は違うから。でもね……。

ロイク　そういえば、私のカレはスゴいギターが上手いんですよ。

湯山　来たー。楽器というものは、すべからくセクシーだよね。ちなみに、バイオリニストはイイ、と聞いたことがある。

ロイク　オススメは舌にピアス開けてる人。

湯山　なにそれ。

りんご　あそこに真珠は？

ロイク　ぜんぜんいましたよ。日本人だったけど。

湯山　あれは短小コンプレックスで入れるの？

ロイク　そうですね。真珠はむしろ痛い。舌はだって、クリトリス用じゃないですか。

女はフェラチオするために開けてるんですって。

湯山　黒人ってオモチャとか使わなそうだよね。ちなみに、いま、結婚してて浮気は？

ロイク　ないです。結婚した理由にもなるかもしれないいんだけど、毎回、必ずイかせてくれるんですよ。

湯山　そりゃスゴい。

ロイク　浮気すれば違う快感はあるかもしれないけど、他の面倒くさいことがまたまつわりついてくるかと思うと……。

りんご　しないよね。

湯山　完全に下半身で決めましたね、結婚を。

りんご　重要です（とキッパリ）。私もある程度、自分でイタしておいて、イけそうになったら入れてもらう、というのをあみ出した。

湯山　それは考えたことなかったな。

りんご　でも、間違いなくイける。それもご機嫌な状態で。

湯山　いま、ここだ、って？

りんご　そう、これ、かなりの高率で双方エクスタシーですよ。自分もイきかけてる途中だから。

ロイク　でも、そのタイミングで入れられて、「あー、違う」っていうのもあるでしょ？　80まで行ってたのが60にダウンとか。

湯山　結婚式の時によく言う、「ふたりの共同作業」の真骨頂とは、こういうことだったんですね……。

「一回で終わりかよ」

登場人物

松沢呉一（まつざわ・くれいち）58年生まれ。コラムニスト、性風俗研究家、古本収集家など。著書に『魔羅の肖像』『クズが世界を豊かにする』など多数。85年にはアトミック・カフェ・フェスティバルの実行委も務めていた。会員制メルマガ・ブログ http://www.pot.co.jp/matsukuro/

――松沢さんといえば、明治以降の性文献の収集では日本一を誇り、性のフィールドワーカーとして活躍していますが、女性の中では「クレマン」がお好きだということ。それ、どういうタイプの女性なの？

松沢　勝手に「クレマン」と名付けてるんだけど、「クレバーなヤリマン」ってこと。実際にセックスをしているかどうかはそれほど大事ではなくて、そういう資質を持った女性が好きなんだよ。その子たちの特性を考えている中で、興味深い心理テストに出会ったの。去年、知り合いになった尾谷幸治さんというカウンセラーがいて、彼が作った「SMマトリックス」という心理テストなんだけど、これがすごく面白い。いままでの心理テストは、積極的とか消極的とか個の動きだけを見てるんだけど、「SMマトリックス」は他者との関係から行動原理を分類している。

湯山　ＳＭというからには、サドマゾのＳＭ？　男女の支配／被支配の関係性？

松沢　「ＳＭマトリックス」は性的な分野だけじゃなく、人間行動全般を見るものなんだけど、尾谷さんがそれを見いだすきっかけになったのがＳＭだったので、それがネーミングに残っている。たとえば、Ａさんと Ｂさんがいて、ふたりともＭで、鞭を打たれるのが好きだと。Ａさんは、女王様がやりたいことをやっていることに幸せを感じる。Ｂさんは自分がやりたいことを女王様にやらせてるのが好き。表面的には同じ鞭マニアなんだけど、内面は正反対なんだよね。ＳＭ業界でも、こういうことは、ある程度、分類はされていたんだけど、見取り図がなかった。

自らの欲望か相手の欲望か

湯山　尾谷さんは心理学関係の方？

松沢　大学で心理学をやって、塾の講師を経て今はカウンセラー。それをたまたま聞いて、これは面白いと。40問くらい答えなきゃいけないので、面倒くさいんだけど、的確な結果が出る。その結果が当たっているだけじゃなく、人間の分類法として面白い。他者との関係で人間の行動が規定されるという視点に感心した。ＳＭ以外の男女関係もまったく同じ。ロフト・プラスワンでこれをテーマにしたイベントやったんだけど、男女の違いがハッキリあるんですよ。

わかりやすく言うと、内在的な自分の欲望に従うのが男。女は相手の欲望ありきなんです。

湯山　これは、女性を分析していくと、必ず出てくる特性ですね。ちやほやされたり、褒められることが一番の満足で、そこにエネルギーを注いでいくという。しかしこれは、けっこう自覚しないと、人生、見誤るんですよ。自分の評価を他人に委ねちゃうわけだから、いつも不満を抱えるようになってしまう。そしてその他人の欲望というのが、これまた現代では価値が多元化しているから、いかようにも振り回される。

松沢　もちろん、女性もいろいろなんだけどね。尾谷さんを紹介してくれたのは友人の女王様で、その女王様と俺は結果が似ている。女王様もまたいろいろだけど、男性的なタイプが多い傾向はあると思う。実際のマトリックスはもっと細かい分類になっていて、数値がバラバラに出てきたりするんだけど、これを聞いていろんなことが納得できた。

ライターも大きく分けて二ついて、ひとつは原稿送って編集者の意見を求めない人。もうひとつは求める人。俺は送った瞬間に終わっちゃう。感想は全然いらない。ミュージシャンでも、楽屋に行くと、「今日どうでした?」と訊く人と訊かない人がいる。わかりやすい言葉で言えば「見返り」ということになるのかな。それが必要な人と必要としない人がいる。

これを聞いて、ヤリマンにも当てはまる

なと気づいた。その発想で、自分が好きなタイプの「クレバーヤリマン」の位置づけがやっとわかった。自分自身がセックスをピュアに楽しむのか、相手がやりたいからやらせるのか。昔の「させ子」は後者で、クレマンはもちろん前者。俺は後者は好きじゃないんだよね。

クレマンは自分自身がやりたいからやる。積極的に自分の欲望に忠実に生きようとすると、女性の場合、クレバーにならざるを得ないんだよね。そういう子たちの行動原理は「バレないようにやるにはどうするか」ということになる。ヤリマン全体の中でもクレマンは数パーセントしかいないと思うんだけど。

湯山　『セックス・アンド・ザ・シティ』の中で、一番人気がサマンサ。まあ、「ヤリマン」たる彼女の人気がスゴいのは、性欲を自覚して、堂々とハンティングに出かけるというその自主性で、ほとんどの人がそれになれないがゆえのヒロイン。自分の欲望をクレバーに隠さないでもいいというファンタジーは、ニューヨークならばギリギリ成立するんですよ。オナニー文化を小さい頃から共有している男性と違って、「女性は性的な感覚を男によって開発されるべき」という不文律がいまだに力を持っているので、なかなか、我が身の中にある性の欲望の輪郭を持ちにくいわけで。それを肯定感とともにやっている女を尊敬するわけです。

松沢　でも、俺はクレマンにみんなが憧れるのは間違っていると思っている。クレマンは、外からの情報でなるんじゃなくて、天性の資質、天性の才能なんだよね。クレマンは選ばれたエリートなんですよ。

女性誌がそういう女をカッコよく持ち上げて、それを目指そうと思っても、能力がなければできない。真のクレマンたちは、個人で知恵を発達させていて、それぞれの体験から、バレないように、人をコントロールするにはどうすればいいかを考えてるんだよね。クレバーじゃない人が憧れてやっても悲惨なことになるだけ。

見た目はわりといい女

湯山　「アタシたち肉食系だからさ」と、クーガ女を自認するタイプね。確かに面倒くさい女が多いな。そういえば以前、男性誌の連載で「モテる女」に毎月会ってその本音を聞く、という連載を持っていたんだけど、その中でもうもう、女遊びをさんざんして来たイケメン中年社長から、若い男から、はたまた、レズの女性にまで圧倒的にモテていて、常時、三人はセックスパートナーがいるという女性は、全く、外見や印象からはそれがわからなかった。ノーメークのショートヘアで、小太りで、着てるのも、オール無印みたいな出で立ち。強いて言えば、声がエロいの。エロいというか、「この人の話をずっと聞いていたいな」という妙に親密感のある空気は、在ったかな、という程度。

松沢　見抜けないんですよ。俺の知ってる子たちも、周りは気づいてない。何人かと関係を持ってたりしても、それぞれに情報を分けているから、相手の男たちも全貌がわからない。あと、その話とズレるけど、見た目は、わりといい女なんですよ。じゃないと男が寄ってこない。いい女だけど、保守的かもしれない。社会に異議を唱える気はない。とにかく彼女たちはバレることがコワい。社会的にデメリットを受けるから。並べてみると同じようなルールを持っていて、それこそ、「職場では絶対やらない」とか。一人だけいるけどね、仕事関係でもしているのが。ただ、「いつでも、関係を切れる」というのが絶対条件だから、仕事関係であっても、その条件に合致する相手としかしない。

湯山　それだけ世の中から隠すということは、自分の欲望が反社会的だという自覚が大有りだよね。

松沢　善悪の価値ではなく、その方が得って計算だと思う。ヤリマンを続けるためには、賢く居続けないといけないわけですよ。会社の中でお手軽にやってたら、いずれそこにいられなくなるし、男の間で情報が拡がると、男って寄ってこない。社会がどう見るかより、自分がしたいって欲望の結果だと思う。ここでも判断の基準は自分の中にある。

湯山　仕事は、している人が多い？

松沢　多い。主婦もいるけど、主婦だと知り合える人が旦那の関係か、子どもの関係しかないから、そこでは手を出せないじゃん。

湯山　まあ、あとはネット系の出会いサイトでしょうね。そういうセックス・ハンターなら知ってますよ。

松沢　特に主婦の場合、そうせざるを得ないんじゃないかな。関係を切ることを考えたら、テレクラが一番便利なのよ。

湯山　さっきのね、痛い方。クレマンのふりをしているけど、実は「男に自分の欲望を合わせていく」他力本願タイプ、また、セックスと恋愛パートナー&結婚願望が不可分で、「いろいろ遊んだけど、結局は私、最終的にひとりの男性で落ち着きたいの」というタイプは、けっこう、多いと思うな。

松沢　クレマンに憧れてるパターンが一番ヤバイ。そういう女に限って、やったときに「今回は違ってた」みたいなことを言いだすから、あえてそういうことを口走る女は危ないですよ。俺たちの中では「魔物」と言ってるんですけど。いろんな男とやってたかと思いきや、急にパートナーシップを求めだしたりするからね。あと自傷系とか……。自己承認に、セックスを使う女性は多いからね。

湯山　男はどうなの?

松沢　男の自己承認は、仕事だよね。

湯山　男は男に認められて男になるけど、女は女に認められても女にならない。女は男に認められなくちゃいけないってね。

松沢　男は、同性にこんな女とつきあってると自慢したい。女性の満足は、こんないい男とつきあってる私を確認したい、ってことでしょ。

湯山　でも男の方もさ、ヤリマンだった女が、「もう、あなたで打ち止めよ！」となったら、それはそれで男冥利ってモンじゃないか？

松沢　いやいや、そういうのは、俺らの中では魔物だから（笑）。パートナーシップの雰囲気が出てきたら、こっちからやめた方がいいんですよ。一般的にはその方がいいんでしょうけど。

知り合いのクレマンは、男女関係の中で上昇意識がある男は、相手としてダメだと言っていた。「三番目でいい？」と訊かれたら、「いいよ」と言う男じゃないとダメ。

湯山　まあ、今は逆にクレマンに対して、男の方がついていけないかもね。男の側の嫉妬と所有欲は、今や女並みで、「逆切れストーカー」とか、けっこう、エグイ話もあるし。

松沢　とくに若い男で増えてきてる。ここ最近、注目してるのは、男の子が女の子に向かって「俺と仕事どっちをとる？」と言う現象。

湯山　わはははは。時代は変わりましたな！

松沢　頻度高いですよ、働いている子たちに訊くと。彼女たちは「仕事に決まってんじゃん」って言うんだけど（笑）。あと、「私のどこが好き？」とか「私のこと、どれくらい好き？」という台詞も、今は全部男が言っているわけよ（笑）。

週五日遊ぶために風俗で働く

湯山　松沢さんは性関係の稼業になってから長いじゃないですか。現在、セックスマナーの何が変わってきてる？　ビッチって、簡略化して言えば性的衝動が強くて、それをガンガン実行する女ということなんだけど、積極性のさじ加減とかなの？

松沢　長い目でみると、「させ子」という受け身から、「ヤリマン」という言葉に変わったのが大きいよね。昭和20年代の雑誌とかには「させ子」という言葉が出てたんだけど、これは行動の基準が外部から内部に移動しているってことだと思う。

湯山　今はもう、「させ子」はいないんだ。

松沢　言葉としてはあまり聞かなくなったけど、存在はまだ多いと思う。

湯山　「させ男」はいます？

松沢　まあ、いるとは思うけど、女子からセックスを求めることがまだ少ないから顕在化しにくくて、言葉としてはないよね。

湯山　男並みに「体が寂しかったら、あの男とやっちゃった」「なんだ、アンタも？」「あら、私も」「なーんだ、私たちって姉妹だったんだ。わははは」というのは、さすがにあまりないんじゃないかな。でも、それも時間の問題かもしれない。

ところで、クレマンが出て来た背景には、援交体験がある？

松沢　やってた率は高いかな。でも、「やっていたから」というより、クレマンの資質がある子は当然のようにやっているってことかな。
湯山　というのは、放浪遊女のように移動しつつ男と援交して、自分を巫女になぞらえているアート系の女性がいるんですよ。一種の運動、パフォーマンスとも言えるよね。日本全国、土地土地のテレクラで男を見つけて、イタしてお金をもらって、けっこう楽しそうなの。今まで、そういったセックスをアートにする人というのは、私の知る限り、言葉と裏腹にかなり精神的に不安定な人が多いのね。しかし彼女にはそういうところが、全くない。外見もとっても健康的でカジュアルで、最初会ったときは、なぜだか、料理研究家かと思った(笑)。その彼女と話したところ、完全に援交世代なんですよ。処女を失くしたのもそれで、サラリーマンとやったんだけど、その時、あまりにも気持ちよくて、自分がセックス上手だとわかって、これは職業になると思ったみたい。宮台真司も同様の事を言ってたけれど、女性を傷つけるのは、セックスの事実よりも、周囲の傷物扱いの視線の方、という。
松沢　セックス・トラウマって、セックスワーカーでも一部あてはまる人もいるんだけど、女子全体でも二割くらいはいて、それと率はほとんど変わらないと思う。八割は全然違いますよ。
湯山　彼女のような「明るい娼婦」って、実現するんだと。
松沢　多数派がそうですよ。昔は親のため、家族のためだったのが、時代が変わって「海外留学したい」とか「ブランドものが買いたい」とかのプラスの理由になった。それがいまでは理由がなくなった。人間は誰しも楽して稼ぎたい。普通のＯＬやって週五日働くよりも、週二日働いて同じ収入を得られるんだったら、その方がいい。週五日遊ぶために風俗を選ぶ女の子が実際にいるんですよ。ＳＭはちょっと特殊だけどね。お金は稼げなくても、趣味でやるのが多い。クレマンにとって風俗は安心なの。お店が守ってくれるから。テレクラだと尾行《つけ》られたりとか、ガードが大変だからね。店によっては、前日に電話くれればいいというところもあるから、縛られないし。そこでもまさにクレバーな生活をしている。彼氏にも友だちにも言わずに、きれいに金を貯めて、きれいに辞めていく。

クレマンは一回の見極め能力が高い

湯山　しかしセックスって、「一発だけだとよくわからん」というのがあるじゃない。だからこその、「つきあい関係」というか「パートナーシップ」欲求もあるわけで。

松沢　そこが技術。そもそもヤリマンは何かというと、俺の定義としては、一ヶ月で三人以上やっている。パートナーがいて、それ以外にたまたまやっちゃって二人だとしたら、それはヤリマンとは言わない感じがする。普通にあることじゃん。だから、やっぱり三まで行かないとヤリマンになれないよね。

この定義に基づいて、本命のほかに特定の二人の男がいて、これを五年続けているタイプと、毎月三人を代えてるタイプでは違うよね。どちらにもクレバーなタイプはいるんだけど、ヤリマン内の流派が違う。そうは男と出会えない人だと、次を探すのは大変だから、三人なら三人と固定でやって、外れたら次を補充するタイプもいる。もしくは、特定のパートナーがいて、そのほかの相手とは、いつも一回のみというのもけっこういる。要するに、一回やってみないと、特定のパートナーになれるかわからないから、とりあえずお試しをする。

だから俺が見る限り、クレバーな子は一回の見極め能力が高い（笑）。各自で審美眼がいろいろあって、男を育てるのが好きな子とか。昔のおっさんみたいな。もう一方で、ほかの人が育ててくれればよくて、完成品が欲しいという子もいる。

男の方が案外、一回で終わるっていう割り切りのできるヤツが少ないんだよね。そこでいかに切るかが、クレバーさ、なんだよね。男もプライドがあるから、「俺は一回で終わりかよ」と執着し出すのもいるし。手口としては、まずはケータイ番号を教えない。あとは、ホテルを出る時に、「お疲れ様でした！」と言う（笑）。そう言うと、誰も連絡して来ないってさ。あるいは別れた直後にメールで「また機会があったらね」と言う。怒るに怒れない、けっこう微妙なニュアンス。

湯山　ああ、それは上手いな。男のロマンを介在させないテクだよね。

松沢　そういう「切るための知恵」をみんな持ってる。ノンケ社会では、「一回あると二回ある」って男も女も思ってるけど、「（新宿）二丁目」では、一回でおしまいがデフォルトなんだよね。ノンケ社会ではそういうルールになっていないから、切るためには知恵が必要になる。

湯山　まあ、完全にゲイの人たちの、ワンナイトスタンドがトーンアンドマナー。「ちょっと、ハッテン場、行ってくるか」という感じ。

松沢　でも、パートナーシップを求める普通のひとたちは、「一回でおしまい」をやられるとドロドロしちゃう。だから、クレマンは相手選びが重要なの。揉めてもいい距離にいる人とする。

それから、これはクレマンに限らずかもしれないけど、役割分担をする。たとえば、この男はパートナーで「一緒に生活する人」みたいに。昔「アッシーくん」とかいたじゃない？　あの感覚って女性的だと思う。男って、そこまで異性を用途や役割で分けたりしない。気持ちとしてはフラットなんだよね。「どれも好き」みたいな。女子は縦にちゃんと分けたり、パート分けをして「このひとが本命」とか、器用に分ける。

湯山　分散投資でリスクを軽減するのは、女が生き抜く知恵ですからね。全部受け渡しちゃってからそこが崩れた時の痛さを、わかっているからこその発想と言うか。逆に、無い物ねだりする労力を省いた、お互いハッピーな関係性構築というか。

松沢　男からすると、コスいよね（笑）。でも、女子からすると男は優柔不断に見えるんだよね。「みんな好きだ」というのは、男としては本音なんだよ。社会の中で刷り込まれた学習だとしても、男と女では、本質的に違う部分があると思うよ。

湯山　そうね。女の場合の浮気系は、男の用途をきっちり割り切って両立させるから、「みんな好きだ」の感覚ではない。

松沢　そこのズバッとした女性ならではの割り切りに耐えられない男は多いと思う。たとえば極端な話、「五番目でいい？」と言われて「いい」と言える男はなかなかいないと思うよ。ほかの男を優先された感がイヤなんだよ。でも、そこを受け入れないと、あっさり切られる。

湯山　その一方で、女はさ、男の浮気にめちゃめちゃ厳しいよね。

松沢　相手には「あんたは五番目ね」と言うくせに、男には「一番好きじゃないとイヤ」と言うんだよね。男と女で違うのは、恋愛に他者評価が関わってくること。相手が自分をどれだけ必要としてるか、が重要だから、一番じゃないとダメなんですよ。

湯山　しかしながら、昨今では男も「仕事と俺とどっちよ！」と迫ってみたりする。

松沢　そうかもね。そういう男が増えてきてるのかも。

文化的な背景もあって、韓国に詳しい人に聞いたら、頻繁に女性が「私と会社どっちが大事？」と訊くらしい。で、男はなんて言うかというと、韓国人は仕事を大切にするから、「仕事」と言うだろうと思いきや、「いや、お前だよ」と。それで女が「だったら、会社に行かないで」と言うと、男は「わかった。会社に電話して、今日で会社を辞めるよ」と言うんだけど、そこで、「そこまで言うならあなたの気持ちはわかった。会社に行って」と女が言う。それがもう、お約束なんだって。それを聞いて、よく出来てる演劇的な社会だなあと。

湯山　それはもう、完全にラテン系の国の人の態度ですね。ラテンの女というのは、とにかく嫉妬深くて、ちょっと男がほかの女と親しく話しただけで、ものすごい喧嘩になる。ひっぱたく、泣く、わめく。けれど、それが収まったところで、仲直りの激しいセックス。まあ、前戯の一部になっているわけですよ。濃密な演劇的コミュニケーションが。

松沢　自然にそれができる文化はスゴいと思う。韓国の場合、日本以上に、男は「仕事が大事」という合意が疑いなくなされてるからだと思う。女たちも、仕事のできる男が好き。だから、お互いに上手く約束ができてる。はなっから虚構であることをわかった上でやっているというか。

湯山　何を障害として立ちはだからせるか、というタブーのフレームの強さをセックスのバネにしてるってことだ。日本でも昔、姦通罪ってあったわけで、その時分の不倫は萌えただろうなあ。でも、私たちは戻りたいと思っても、もう戻れないよねえ。

クレマンはモラリスト

松沢　社会に共有できるルールがないから個人で作るしかないんだよね。自分を守るルールとともに破る快楽を作るためにもルールを作る。

湯山　社会の表層的なモラルではなくて、彼女たちが自らの欲望で生きる時に、そのためにわざわざ作り上げる決めごと。クレマンはモラリストでもある、と。もともと、快楽としての性は必ず、反社会的なものを含むわけで、そういう意味ではクレマンたちはそこを痛いほど自覚しているということですね。

松沢　一方で、ダメなヤリマンには、表現派というのがいて、ペラペラと自分の体験を「表現」しちゃう（笑）。あと、「恋愛系ヤリマン」。

湯山　ああ、もうそれはいっぱいいる。恋愛というきれいごとに性欲を押し込めているからタチが悪い。「私って、恋愛中毒なの」を標榜する女はご用心ですよ。たとえば、御法度の友達彼氏や仕事関係とのセックスも、クレマンならば周到に秘密裏にコトを運ぶのに、恋愛中毒系はそれを大っぴらにして、人間関係をぶちこわす、という。

松沢　俺にしたって、ヘンなところでモラルに厳しいのよ（笑）。仕事に性的な関係を持ち込むのがイヤなの。秘書を愛人にしてますとか。自分がそういうことをしないだけじゃなくて、そういうことやってる人たちが嫌い。第三者にとっても面倒なんだよ、「あの人たちはデキているから」とか「もう別れたから」とか気を使ったりして。あと、さっきのパート分けで言うと、クレマンって、ほとんど常に本命がいて、本命はすごく大切にしている。そこに彼女たちのモラルがあるよね。

湯山　（本命と）セックスはしてるの？

松沢　やらないケースもあるけど、本命が大事という部分に関してはすごいモラリストなのよ。

俺が長く遊んでた子なんだけど、仕事が終わってすぐホテルに行って、そのあとメシに行く。その逆だと、セックスのすぐ後に帰宅することになるでしょ。終わったあとって心身ともに火照っているから、冷ますための食事を入れる。しかも、そこに友だちを呼ぶ。第三者が入ると温度が下がるんですよ。で、みんなでいるところから「いまから帰るから」と彼氏に電話する。居酒屋のうるさいところで電話かかってきたら、直前までホテルにいたなんて思わないじゃん。

湯山　彼女の方は、本命の彼氏を、絶対キープ、なんだねぇ。

松沢　うん。そうやって、本命を大事にするのはこっちも嫌いじゃない。彼氏が好きだと語る女が俺は好きなの。加えて、その彼氏のことも好きなの、俺が（笑）。会ったこともないけど。その子のこと、俺も好きだから、いやな男とつきあってほしくないんだよね。だから彼氏の悪口を言われると、俺がいやになる。「あいつの悪口言うなよ」って（笑）。

湯山　そりゃ、松沢さんもかなり複雑だわ。

松沢　そこで嫉妬に行くのは、上昇志向が強い人なんだよね。

湯山　なんか、吉原なんかに通っていた昔の通人っぽい感覚。永井荷風とかもそういうの書いてたしな。

松沢　こういう関係って、これはこれでハッピーなはずなのに、マンガでもテレビでも描かれない。3Pで幸せになった三人の話とかあっていいじゃん。

湯山　70年代のフランス映画に『バルスーズ』という三人の愛の物語があったけどね。

ちなみに、クレマンは数の冒険はする？

松沢　人によると思う。俺の知り合いのクレバーな子の中には、ハプニング・バーに行くこともあるんだけど、そこでいろんな男とやるのは抵抗があるらしい。あの社会で「あいつやらせてくれる」って評価が定まっちゃうと、いろいろ面倒くさいんだと思う。彼女たちはやりたい男とやりたいだけだからさ。

性の観念は社会が作る

湯山　そもそも、ビッチという語感はどう思う？

松沢　日本語にあまりリアルに根付いてると思わない。基本、罵倒系の言葉じゃん。でも、ヤリマンという言葉は今や否定的な意味じゃなくなっている。「私、ヤリマン」と自称するのがいるくらいだから、そっちの方がポジティブなんだよね。

湯山　ビッチは確かに罵倒の言葉なんだけど、ある種の外来語がそうであるように、いわばクレマンと同じような、男の欲望に答えたり、自己承認系じゃない、自立した欲望行動ができるような、主体性が感じられる。まあ、カッコいい感があるんでしょうね。ファッションっぽい。

松沢　でも、そのときのビッチって見た目じゃない？　視覚的というか、表層のイメージというか。昔からミニスカートにブーツって街娼そのものだし。そこに留まっているから、ビッチって言えているように思うな。でも、ヤリマンは純粋に行動を示している。

湯山　メイクでも、アイラインの囲み目で、付けまつげバシバシという、玄人っぽいメイクが、ここ五年くらいで加速している。欧米先進国の若い女たちは、普段はそこまでキメない。（日本の女の子たちは）性的でビッチ的なアイコンを身にまとってるんだけど、本当のビッチなセックスライフとは、確かに乖離している。

松沢　日本人は、もともとファッション・スタイルとライフ・スタイルが乖離してるからね。だって日本だとサラリーマンが休日にレゲエの格好してるわけでしょ。

湯山　しかし、どうなのかな？　というのは、ビッチ的なファッションがカッコいいのならば、ビッチ行為そのものも恥ずかしくない、という空気が存在しているわけです。その身体感覚は案外バカにできなくて、たとえば、ビッチっぽいファッションにひきずられて、内面がそれに影響を受けたということは多いに考えられる。ちなみに、性と恥ずかしさが表裏一体だとすると、今は何が恥ずかしいんだろう。ちなみに私はイビサではトップレスになれますが、日本では、もちろん、不可能(笑)。

松沢 恥ずかしさは人によりけりでしょう。昔はスゴい平均化していた。男だったらみんな、会社入ったら連れ立ってソープ行ったりとか。だから、30歳童貞は今の方があり得る。女性もそうで、男性体験300人もいれば、20代半ばで処女もいるから、平均値って出せないよね。平均値は出せるけど、激しく分散しているから、意味がない。それだけ行動に違いがあると、たくさんセックスしているのが恥ずかしいなんて共通認識は成立しない。

俺にしたってさ……陰毛はあった方がいいと長年思ってきたのに、インターネットのせいで、わずか数ヶ月で剃った方がいいというふうになった(笑)。今、世界的には男も剃るのが普通になってるのよ。わずか数ヶ月で、毛が汚くて見れないものになってしまって、今、俺の股間には毛がない(笑)。それくらい性の観念って土台が緩いんですよ。羞恥心でも快楽でも、かなりなところまで社会的に作られてると思ってるから、社会が変われば簡単に変わる。だからハプニングバーって、80年代だったら成立しなかったと思うしね。AVだって60年代だったら成立しなかったと思う。

湯山　とは言っても、AVのストーリーや女の子の態度を見ていると、女の子の羞恥心がヌキどころ、というかつてのセオリーはまだまだ根強いな、と感じるところがあるんだけど。

松沢　欧米は女性マーケットがスゴい大きいからね。女性向けのエロ表現がかなり作られているというのもあって。日本は99パーセント男だから。だから女性マーケットが広がれば欧米に近くなると思うけどね。

女性の性欲と自己承認欲求

湯山　ちなみにヤリマンの年齢上限は、ご経験上、どれくらいだと？

松沢　40代じゃないかな。

湯山　50～60代ではいない？

松沢　いると思うけど、それぐらいの世代って堅いんだよ。なかなか落ちないらしい、熟女マニアにいわせると。社会的な性の観念はあっさり変化するのと同時に、個人の観念はそう簡単には変わらない。変わりやすい観念と変わりにくい観念があって、なおかつ変わる人と変わらない人がいると言った方がいいけど、その歳になって急にはじけるってことはあんまりない。

湯山　逆援交と言うのか、元ボクサーとか体のいい男を買ってたりする50代女性を知ってるけど。

松沢　でも、女性は自己承認過程が必要だから、金を使っても颯爽とセックスはできない。それは二丁目の売り専の男の子に聞くとよくわかる。店によってはボーイのほとんどはノンケで、お客の半数は女性。ゲイのお客さんはセックス・オンリーでいいけれど、女は面倒くさいって全員言うね。ノンケだったら、女が来るとラッキーだろうと思っていたら、全然違う。どうしてホストクラブが成立するかと言うと、客の女性たちがホストに自己承認を求めるシステムだから。セックスはその証拠にすぎない。だから、セックスを売りにした売り専でも、その過程が必要になって、「きれいだよ」とか「好きだよ」と言わなきゃ満足してくれないらしい。

湯山　性欲荒れ狂う40代のときに、「理想的な女の風俗」を考えた事があったんだけど、なかなかこれが難しいんですよ。男は射精してしまえばいいんだけど、女性の場合はそんなに簡単ではなくて、ただ、添い寝してくれれば今日は十分、ということもある。性欲の発露の方向が複雑で一定しないし、確かに身体の満足以外の自己承認欲求がすぐ出てきちゃうかも。

松沢　いままで女性向け風俗を試みた人はけっこういるんだけど、上手くいかないんだよね。クレマンの場合は、パートナーをちゃんと押さえていて、そこで自己承認されているから、純粋にセックスを求められる。自己承認としてのセックスを手放せないんだったら、そういう行動をする人が増えないと無理だと思う。

湯山　実は不倫って、私の周りでも、テレビドラマにあるような悲劇は少なくて、ダブル不倫で10年とか非常に安定している人たちも少なくない。性欲としての欲求が、自己承認欲求と切り離されてる人も増えてきたよね。

松沢　そうね、もともとの才能と、そこに至るまでの努力が必要だけどね。体験もデカいから、そういう子たちって、10代の頃から遊んでたはず。30代になっていきなりはできないと思うよ。憧れてる人は多いと思うけど、無理だと思う。そういう人は、結局、男を探しても自己承認を求めるから上手くいかないんだよ。

湯山　クレマンの理想の関係は三人でしょ。考えてみれば、そこまで性欲があるかどうかだよなあ……あんまり旺盛な子っていないもんね。日本の男もそうだけど、日本の女もね……淡白だと思います。それくらいクレマンもレアだと思うな。男だと性豪というのは数だったりするけど、クレマンの場合は、数って重要なの？

松沢　クレマンは自分から数は言わないので、わからないよね。聞けば教えてくれるけど、こっちも聞かない。なるほどと思ったのは、知り合いのクレマンが、相手の過去の体験を聞きたがる男は体験数が少ないって言っていた。大体遊び人は聞かない。そこに意味を感じていないので。それよりどんなセックスをするか、相性はどうかでしょ。俺も遊ぶ相手には、今現在のパートナーの事情だけ聞く。そこはこっちも優先するのがルールなので。

湯山　クレマンは子どももいる人いる？

松沢　いたり、いなかったり、いろいろ。

湯山　でも、それが障害にはならない。

松沢　環境による。子どもが小さくても、近くの実家に預けられるとか、友だちに預けられるとか。じゃないと、そもそも外出できないから。

「モテ概念」の性差

湯山　ところで、最近、とあるファッション関係者の誕生日パーティーに行ったとき、若いゲイがいっぱいいたんだけど、彼らが本当にウザったくて。全員が「私がいかに人気があって、可愛いか」のアピール合戦。テレビの影響もあるだろうけど、男が、現在はどんどんギャル化している。自己承認系、多くない？

松沢　そういうタイプのゲイもいる。でも、それは男が普通の女に感じるウザさなんだよ。ゲイの中には自覚的なやつが時々いて、そいつに女の心理を聞くのが一番よくわかる。なんで女はこういうことをやるのかと聞くと、「実は女はね」と教えてくれる。ちょっと距離がある分、スゴくよくわかっている。そいつの話で、なるほどなと思ったのは、男には「フリたい願望」がない。逆に女は「フリたい願望」がスゴくある。そいつの行動で面白いのは、ハッテン場に男をフリに行くの。迫られて断ると満足して何もしないで帰ってくる。なんでそんなことするのか訊くと、「いや女はね……」って（笑）。その気にさせといて、それを断ると、自分のステータスが上がるんだよ。

――ライターで、原稿を断ったことを自慢する人いますよね？　それに似てない？

湯山　なるほどね。男は仕事と恋愛してるわけですす（笑）。

松沢　意外に気づかれてないよね。そういう男と女の違い。

湯山　モテの概念も、男女で違いがあるんじゃない？　女性の場合は、もう、黙っていても男が寄ってくる、という境地がモテの真髄。黙っていても、のところが重要で、その手口が同性から見えないのが女性にとってのモテ女の最上なのよ。

松沢　個人差が大きいけど、一般的に言うと、男はセックスまで至ってモテ感が出る。今週三人とやっちゃった、みたいな。こっちから迫っていてもカウントされる。でも、女子は言い寄られることに重きがある。相手がひとりでも、強く言い寄られることが大事。男もその段階でモテ感を得られるんだけど、こっちがどう思ってるかで左右される。この子だったらつきあってもいい、セックスしてもいいという子じゃないと、モテ感にならない。全然好きでもない子に、つきあってくれませんか、って言われても、モテた感じがしない。どうせセックスにまで至らないんだから。女は、相手が寄って来ただけでもうモテモテ。

湯山　女子の中では黄金律なんだけど、結婚でも男女関係でも「言われモノ」の方が女は幸せ、というのがある。恋愛も追いかけるのではなくて、追いかけられた方がいい、というね。「押し掛け女房」はあんまり幸せじゃないケースが多い。女が追い求めて落とした場合って、上手くいった場合がない。それは女子の承認欲求のためでしょう。そうなると自分からは別れないし、関係も何年も続く。

松沢　その極端な例で、ストーカーと付き合う子がけっこう多いんだよ。ごく近くにもいてびっくりした。よく考えると、ストーキングって昔は肯定的に語られてたんだよ、押せば落ちるって。ストーカーって言葉になっちゃったから急におかしくなっちゃったけど。男の方は、言い寄られて好きになる、ということはあまりないと思う。つきあう基準は内在的なものだから。

湯山　ただし、先ほどの例もそうだけど、男女の位相がズレはじめてる感じもあるでしょ。クレマンはそのエキスパートなんだけど、自分の性的欲求をきちんと認めて、社会に対し個人的なモラルでもってアプローチできる女性がいる一方で、男の方も、承認欲求がないと生きられないタイプも出てきて……。

松沢　親に「かわいいかわいい」って言われて育ってきた男は、承認願望は強いだろうね。

湯山　いずれにせよ、性の感性は時代や社会の影響を受けて、今後も変化していくんでしょうね。

「風の女」と「水の女」

登場人物

岩井志麻子　64年、岡山生まれ。小説家。『ぼっけえ、きょうてい』が第6回日本ホラー小説大賞を受賞。そのままホラー小説道を直進するかと思いきや、いつの間にかエロ・キャラに舵が切れて、西原理恵子、中瀬ゆかりと共に「熟女キャッツ・アイ」を結成するなど予測不可能の存在に。

湯山　ビッチの中には、等身大の自分で男にぶつかっていくタイプよりも、自分に、とある理想のキャラを演じさせて、コトに及んでいくタイプと二通りありますよね。特に後者は、虚言癖が加わる事が多い。

岩井　派手な虚言の人と地味な虚言癖の人がいて、どっちがビッチかというと派手な方ではないかと。地味な虚言は、ちやほやされたいがためのもので、人を騙すつもりはないですね。

湯山　出身大学、名家の生まれなんかは定石で、サッチーもやっちゃったけど、海外のステイタスというのも、確認しにくいだけによく使われる。みんな、ころっと騙されちゃう。嘘が自分の中でいつしか本当になっちゃうので、迫力が違いますよね。

岩井　私はAV女優さんとも仕事をしてますけど、彼女たちもどこか乙女なんですよね。セックスしすぎてもしなくても、女は乙女になるんです（笑）。

湯山　あれだけイロイロやっておいて、乙女もないもんだ、と思うけれど、本人の中では矛盾はない、という。一種の精神的防衛なのかな？

岩井　私はやっぱり田舎の普通の家の子だったから、水商売と風俗は同じものだと教わったんですね。だけど、東京に来たら、ぜんぜん違うじゃないですか。人種が違う。水商売は、騙すことはあっても、男に貢ぐとか騙されるということはない。だけど、「風《かぜ》」（＝風俗）の女は騙されるんですね。「水《みず》」（＝水商売）の女はどれだけお金を引っ張ってこられるか。それに対して風の女は（対価が）一律です。だから、彼女たちは傷つかなくて済むんです。

　とりあえず風の女はちやほやされたいというのがものスゴい。男はやりたいだけで、モテるモテないもさほどじゃないじゃないですか。だけど、女はちやほやされたいんですよね。「かわいいね」「キレいだね」って。それと同じで、ビッチと売女《ばいた》は違いますね。売女は商売で、ヤリマンではないし、ヤリマンは自分の意志でやってるから売女ではないんですよね。

湯山　ビッチというのは外来語でしょ？なので、日本人には縁遠い、個人主義や自立の感覚が乗っかってますよね。定義づけるとすれば、複数の男性とセックスすることが好きで、それをライフスタイルに組み込んでいる女と言えるのかなと。

岩井　ヤリマンは男にやられてるけど、ビッチはヤッてるという感覚かな。

湯山　そうね、その主体性があるから、もともとは侮蔑用語なんだけど、ちょっとうらやましい感も出てくる。岩井さん言うところのヤリマンとビッチの差があるとすると、ビッチって、現実の日本には希少なんですよ。まずセックスを、男をつなぎ止める手段や愛情の証と考えるよりも、もう、それ自体が好き、ということをずーっと続けなけりゃならない。

〝公衆便所〟どころか〝溲瓶《しびん》〟

湯山　今は落ち着いていらっしゃいますが、かつて、〝夜の関東軍〟を自称し、華々しい戦歴をおさめていらっしゃった岩井さん自身は、ビッチ、だったんですかね？

岩井　私は、アジア侵略したいのよ（笑）。台湾の男に興味がないのは、台湾は親日国なんですよ。タイは好きでよく行ったんですけど、タイの男とは一回もやってないんです。あそこは親日であり、しかも植民地になったことがない。私が激しく萌えるのは、朝鮮・支那なんですよ。満州なんてもうヤバい（笑）。私のなかの志麻吉二等兵が、「突撃だ！」って騒いでしょうがない（笑）。

湯山　わはははは。

岩井　私が一気に炸裂したのは離婚がきっかけなんです。最初の結婚が23から34で終わったんですけど、この間、夫に長年の愛人がいたことに気がつかなかったんですね。それがある日、唐突に離婚してくれと言われちゃった。私はズルいと思ったんですよ。私は一回も浮気しなかった。それどころか、「あの人とやりたい」とかそういうことを思いもしなかった。10年間、色気もなかった。公衆便所じゃなくて、もはや溲瓶《しびん》だったんですよ（笑）。夫の溲瓶。

湯山 そこまで言う！

岩井 セックスもパジャマは上を脱がないんですよ。下だけ脱いでやってて、子どもが来ても、「あれ、お父ちゃんとお母ちゃんがくっついてる」と思う程度。それが当たり前だと思っていた。めくるめくエロスとかはなかった。それを疑問にも思ってなかった。もちろん、結婚前も何人かいろいろありましたけど、「結婚したら、溲瓶をよしとしなくちゃならんのだ」みたいなのが私の中にもあったんですよね。明治時代から、もっと前からずっと変わらぬ何か、と言うか。農村ですし。保守的な地域ですから。それこそ喫茶店のウエイトレスが水商売だと思われる地域なんで。

あとママ友のボスみたいなのがいて、そいつが決まってイジメるのは、男関係で派手な噂がある女。（私は）そういうところにいたから……しかも、一回目の結婚は玉の輿だったんですね。会社経営者の息子だったから。とにかく「何があっても全うしなくちゃあかん」みたいな。最初に娘を産んだ時は、親戚中が、「次は男を産め」と言うような。

湯山　岡山ですよね。それ、「ザッツ地方保守」の典型だな。

岩井　それでも瀬戸内海だからわりと開放的な方なんですけどね。

湯山　地方の性を巡る状況って、しかしながら、ダブルスタンダードとも言うじゃないですか。ボスも目を光らせているけど、ちょっと車を出せばラブホとかあるし、人目が無いところはわんさかあるし。

岩井　いっぱいあるんですけど、バレると大変なことに……。そこに住めなくなりますから。だから、私はそういう習慣はよしとしてきたのに、夫に女がいるとわかったとたんに、「お前だけそんないい思いをしてたのか」と（笑）。それで初めて損した感じがして、東京に出て炸裂するんですよね。

上京してきて二〜三年した時に中央公論が、書き下ろしをしてくれと。「（そのために）海外に行きませんか」と言われて。近場で行ったことないところだと言うからヴェトナムにして、そこの有名なレストランに男前のボーイがいて。生まれて初めて、これとやりたいと思った（笑）。その時は生まれて始めて自分の小銭を持っていたんです。それまでは夫が金を持ってて、私は持ってないんです。ヴェトナムは当時、月収が一〜二万円くらいですから、日本人というだけで大金持ちなんですよ。だから、初めてお金を使って、好みの男と好き放題、遊ぶというのを覚えちゃって。

風俗界のゴルゴ

湯山　東京に来て一気に変わった。しかし、普通、ここまで極端にジャンプしませんよ。

岩井　私にはスゴい真面目なところがあって、東京に来たら、なんかの拍子に「エキセントリックな女」というレッテルを貼られちゃったんですね。『ぼっけえ、きょうてぇ』を書いて、ちょこちょこマスコミに出た時に、いろいろ書かれて。

　そう書かれると、それを演じなきゃと思うんですよ。同業マスコミが求めることをしなくちゃあかんと。それは岡山で真面目な奥さんをしなきゃあかんというのと根っこは同じ。求められてるものをがんばって演じるという変態なんですよ。

湯山　求められているキャラの枠が、断然、自分にフィットしたんじゃないの？　楽しそうだもの。

岩井　楽しいんですね。求められる私になるのが。なんだかんだ言って、田舎の真面目な女なんですよ。

　話が飛びますけど、ある女性との出会いを抜きにしては語れないことがあって。五年くらい前かな。私はいま、ホリプロに所属してるんですけど、その前はフリーで、その頃に、ある女が近づいてきて、私のファンで、スタッフの一人になりたいと言うんですよ。その女がスゴいことを言ってて、「フジテレビのディレクターをしてた」とか、「大手芸能プロでマネージャーをしていた」

とか。私、岡山の普通の人なんで、そういうの全部、鵜呑みにしちゃうんですよ。まさか、大人が真顔でウソつくと思ってなかったから。

結論から言うと、そのひとはソープ嬢だったんですよ。通称レイラさんというんですけど、18歳から44歳までかな、ずっと風俗しかしたことないプロ中のプロ。風俗界のゴルゴ13ですよ。やった男は一万人以上いたんじゃないですか。でも、彼氏がいたことはない。しかも異常に純真で、好きになった人は「王子」にしちゃうんです。彼女の世界には「王子」と「客」しかいないんですよ。

湯山　どちらにせよ、オトコにお仕えする幸せ、ってことで、対等なパートナーとして男が人生にいた事がないんだろうなあ。

岩井　レイラさんというのは顔もスゴくて、化粧したらツタンカーメンの黄金のマスクで、素顔だとツタンカーメンのミイラなんですよ。高須クリニックの院長に言わせると、「ずいぶん前の整形（顔）」だって（笑）。特に鼻がスゴくて、デコからぴーんと生えてるんですよ。あまりにもスゴい顔で最初、ビビったんです。風俗の女の子の特徴で、激しい自慢とスゴい卑屈さが同居していて、それに引き込まれたんだよね。

湯山　ああ、そこでヤバい、と遠ざけるんじゃなくてお近づきになっちゃうのが、作家の業ですよね。

岩井　どうして彼女が風俗嬢かわかったかというと、これもスゴい話があって。ある月刊誌が連載してくれと言うので、レイラさんと私と編集長と担当編集と四人で会ったんですよ。で、新しい担当がHさんというんですけど、ずっとスッチーをやっていて、辞めて編プロに入って、そこで優秀だったから有名出版社に出向になったと。華麗なる転身ですよ。Hさんは無難な人で、元はスッチーというのもなるほど、上品で真面目そうで。物腰も丁寧で。

ところが、Hさんとレイラさんが、その現場でなんとも言えない変なムードになっているんですよ。口きかないし、探り合うようなところがあって。レイラさんって、普段は打ち合わせでも私を押しのけて誰も聞いていない私語りをするのが生き甲斐なのに、そこではひと言も口を開かないし、おかしいなと思って、帰りに、さっきのHさんは知り合いなのかと訊いたら、「あの女は昔、吉原の××というソープにいましたよ」って（笑）。

湯山　えええっ？　だって、有名出版社に出向している元スッチーでしょ？

岩井　そもそも、なんであんたが知ってるのかと訊いたら、「私もいたんです」と（笑）。レイラさんも最初は人違いかなと思ったんだけど、スチュワーデスをやってたというのを聞いて「やっぱり」と確信したと。ソープ時代からHさんは現役のスチュワーデスだと言っていたと。昔とウソが変わってなかった、ってレイラさん変なとこでも怒っている。ソープ時代も、本職はスッチーだと言いながら、毎日出勤してきたんだって。「どんな国際線なんや！」って（笑）。それが有名出版社の記者に成りあがってもまだ言ってたんですね。それでも私は田舎の女だから、大手の記者が元ソープ嬢というのが信じられなくて、見間違いなんじゃないかと訊いたんだけど、「間違いない。私、アイツといつも二輪車やってたから」って（笑）。二輪車って、殿方一人に女二人がつくんですけど、どのソープ嬢でもできるわけじゃないらしいんですよ。相当シンクロしてないといけない。二人の女が一人であるかのように。だから、それをやれるソープ嬢があまりいない。しかも、いくらソープ嬢でも、女にあそこを見られたりするのはイヤなんですよ。テクニック盗まれたくないし（笑）。だから二輪車をやれるソープ嬢は二種類しかいない。ゴルゴみたいなプロか、なにがなんでもお金が欲しいか。二人は後者だったんです。とにかく「二輪車を一緒に長年やった女を、忘れるわけがない」って（笑）。

湯山　わははははは。しかし、二輪車レベルの凄腕のふたりが、そろいも揃って、オモテの業界に堂々と登場してきたというのが面白い。大手出版社に出向になって作家担当ということは、仕事もでき、常識もあるってことですよね。業界の女たちを見る目が、ちょっと変わってきますよ！

風俗の「嘘箱」

岩井　Hさんも分かったんでしょうね。唐突に「双子の妹がいる」と言ってきたんです。ソープ嬢をやっていたのはそっちだと言いたかったんじゃないですかね。でも、結局はバレちゃったんですよ。自然にやればよかったのに。それからしばらくして編集長から電話があってHさんが担当を降りたいと言ってると。彼女、有名出版社に入って、一ヶ月も経たずに辞めたんですよ。

湯山 うわっ、スゴいー。私もこの間、ファッション業界の友人から、かつて「anan」によく、オシャレ代表のコメンテーターで出ていたKという女性のキャリアが嘘だらけと聞いてのけぞりましたからね。

岩井 AV女優にもいますからね。こっちは逆に、本当にスチュワーデスだったとか。Hさんに関しては、その後、ある漫画雑誌の編集者さんから突然、電話がきて「例のHさんですけど、いま、うちの面接会場に来てるんです」と。

湯山 不屈の闘志……。まあ、ある意味、優秀なわけですよね。

岩井 レイラさんもカミングアウトしてから、いろいろソープの話をしてくれるんですよ。男性週刊誌とかが書いているようないいことばっかじゃなくてリアルなことを。「Hさんはなにがなんでも指名が欲しくて絶対に生でやってたみたいで、しょっちゅう淋病にかかって注射打たれて、控え室で寝てた」と言う。こういうことは男性週刊誌には書いてないですよね。

湯山 しかしながら、そういう風俗系の人たちって、男の幻想もあるかもしれないけど、ビッチの定義で言うと、セックスが大好きだから職業にした、というタイプもいるんじゃないですか？　それが才能であり、適職でもあるという。

岩井　私は、逆に好きじゃないからできるんじゃないかと思います。あと、本当は男が怖い。レイラさんというのは、とにかく激しく整形していて、常にTバックを履いて、これみよがしに見せている。あと、私の前には大手芸能プロでAというタレントのマネージャーをしていたと。私、そこの人に訊いてみたんだけど、誰もレイラさんなんて知らないし、そもそもAが所属していたことがないと言うんですよ。

ただレイラさんはAの呑み友だちで、取り巻きとして取材について行ったりはしてたらしい。Aが引退してからは、昔ちょっとスキャンダルで売った女のところに押しかけてたらしいんだけど、そこも首になっていて。レイラさんが行くところって、つまり、おカマか年上の女のところなんですよ。なぜかというと、若い女としてちやほやされていたいから。水商売って、話術とか賢いからという理由で客が来るじゃないですか。芸が評価される。でも、風俗は若いということしかないんです。レイラさんはずっと「風」の方だから、若くないと男に買ってもらえない。だから、年上の女とかオカマに囲まれていれば、まだ、自分が若い女、の範疇でいられる。

湯山　そういう、快適な居場所のための計算がちゃんと働いているところが、ある意味、たくましくもあるなあ。

岩井　レイラさんの嘘の話の中で、自分は香港の大富豪に囲われてて、フィリピン人メイド五人にかしずかれていたっていうのもあったね。ある東南アジアの国は日本人も多いので、日本人のための風俗誌もあるんですけど、そこに在住の日本人ホステスが出てて、レイラさんやRちゃんがその子と親友だったと。その子が覚醒剤で捕まっちゃって、日本の裁判所であらゆることが虚言だとバレたんですよ。傍聴した知り合いによると、そのホステスとレイラさんの口癖がまったく同じで、香港の大富豪に囲われてて、フィリピン人メイド五人にかしずかれていて……と言うんですってよ。実は二人ともバブル期に、香港の連れ出しバーにいたらしいんです。世界をまたにかけてたのね、文字通り。レイラさんが面白いのは、彼女、永遠に女の子でいたいんですよ。風俗にはみんなが嘘を入れていく「嘘箱」があるんですよ。というのも風俗は嘘がお約束。客だって嘘つきますよね。

嘘と言えば、福田和子はヤリマンなのか、ビッチなのか、売女なのか……なんだと思います？

湯山　悪人なんだけど、ちょっと魅力的なのは、そこに自立ビッチの匂いがあるからでしょうかねぇ。

岩井　彼女は最初はヤリマンで、それからビッチになって、売女になったと思うんだよね。そのすべてを彼女は、ローリング、転がっていったんだと思う。福田和子の嘘というのが、逃亡先で偽名を使うんですけど、それがビッチの定めというか。私はほかの女と違う、というのを見せたい。「私はただの売女じゃないわよ」と。しかしながら、売女にしてもビッチにしても、誇りというものがあるんですよ。レイラさんがね、自分は高級ソープにいたと自慢したんです。高級店にいるということは、よりエグイことをするんですよ。生ディープ、生中出し即尺……そういうことをやっていたと、告白したわけなんだけど、彼女はどうしても足の指だけは舐められなかったと。どうしたかというと、髪の毛で足の指を隠してローションをつけて、なめる振りをして手でこちょこちょとやっていたらしい。まあ、売女のプライドですよね。

女は「水」を目指すべき

湯山　しかし、今の女性全般に言えるのは、みんな「風」に流れがちですよね。

岩井　女は「水」を目指すべきですよね。ゴールデン街には若くて美人のママって、いないじゃないですか。そっちを目指せばいい。長持ちしますし、スキルが評価される。「風」は評価されないんですよ。

湯山　テレビのバラエティーで「美魔女」がもてはやされているじゃないですか。50代なのに30代にしか見えない、という女たちが出てくる。確かにびっくりするほど若く見えるんだけど、外見にそれだけのケアを施すというエネルギーの行き先がよくわからんのですよ。セックスハンターか、というとそうでもないし、完全に「風」目指し。「若い女」ジャンル、に対しての信仰の強さっていうかね。

岩井　同世代に美魔女の友だちがいて、私の世代ってバブルなんですけど、バブルの女って、みんな一回はお姫様を経験しているんですよ。あれがまだ続くと思ってる。まだ自分が選ぶんだと思ってる。

知り合いですごい若作りしてる女が、東北大震災の後に「なにがなんでも結婚したいわ」と。でも、「ハゲでキモい親父はイヤだ」と言うから、じゃあ、どんなのがいいのかと訊いたら、「若くてイケメンじゃなきゃ」って。私の知り合いになにがなんでも日本国籍が欲しいという韓国人や中国人のピチピチのがいるから紹介しようとしたら、猛烈に怒られて。「あんたと一緒にしないで！」って。「若くてイケメンでステイタスの高い男があんたを選ぶわけないじゃない」と言ったんだけど、でも、彼女の中では、自分はＡＫＢ48と同等なんですよ。どんな豪華マンションでも中古マンションになると言っても聞いてくれない。

湯山　うーん、その人たち、セックスレスも長そうだなあ。なぜなら、もし、若い男を狙ったとして、そのセックスに至る現場の交渉のハードさ、というものに気がついて初めて、中年女は〝分〟を知るわけで。

岩井　そう、セックスはしてないんですよ。瀬戸内寂聴様が、ある買い物好きの女優に、「あんなに高いおべべや鞄を買うのは、セックスしてないからですよ」と言ってた（笑）。さすが、やってきた女は言う言葉が違う。

湯山　業界のアラフォーの女子会なんか、スゴいですよ。シャンパン片手に「コレだけ、本物を知り尽くした自分に相応しい男がいない」という、愚痴なんだか、自慢話かわからない怪気炎がボーボーと上がっている（笑）。

岩井　自己評価って、ホストクラブにしてもキャバクラにしても、人気のない子の方が高いんですよ。それはやっぱり、人気がないからこそお高くならないとやってられないんですよね。

湯山　仕事においてもそうですよね。いい年をして高飛車な女は、たいてい、仕事を干されているタイプ、という。ちなみに、レイラさんはなんで辞めちゃったの？

岩井　とにかく仕事ができない。請求書が何かわからなかったり。風俗ってみんな「取っ払い（現金当日払い）」だから、給与明細とか請求書というシステムがないんですよ。ガテン系と同じ。あと、ああいう世界って、勝手に休んだり辞めたりが日常茶飯事じゃないですか。ソープで退職届は出さないし。だから基本的な約束もできなくて、彼女はそういうのがわからないんです。

周りの編集者や関係者から、「岩井さんとこのスタッフは電話を折り返してくれないし、出てもくれない」と言われて。なんてことはない。その間も風俗やってたんですね。彼女の中では風俗が本業で、私の仕事は副業。しかも、私は彼女にかなりな額を払ってたんですよ。だからお金がないはずはなかったのに……。多分、お金じゃなくて男にちやほやされたいからやってたんだと思うんですよ。しかも、ある時、もう彼女を見限ろうと思ってた時に、私の息子を誘惑するんですよ（笑）。

湯山　そうきたか……。彼女自身は、そこで息子さんとつきあっちゃえば、岩井さんとは家族同然だみたいな感覚もあったんだろうな。

岩井　さすがに息子も「怖い！」、みたいな……。可哀想だけど、最後の一〜二年ぐらいは、男性週刊誌なんかに岩井のスタッフは現役風俗嬢というタレこみがあったらしくて、私もかばい切れなくなった頃、ある人にSMデリヘルのホームページを見せてもらったんだけど、レイラさん、顔まるっきり出してるんですよ（笑）。なにコレって（笑）。で、最近、仲がいいライターさんで酒井あゆみさんに、どうして顔を出すのか訊いてみたんですよ。そしたら「指名ですよ」って。大した指名料じゃないらしいんだけど、AV監督の人が言うには、「お母さんが風俗で働いていたとか、家庭環境がそうだと顔出すのは抵抗がないんだろうな」って。

湯山　ああ、そういうことなのか。

岩井　AVに出ると後に戻れないというかね。昔、パラダイステレビというCSのアダルト番組を24時間やってるところがあって、そこで司会をやってたんですけど、そこらのおばちゃんみたいなのが出てるんですよ。なんで出てるのかと思ったら、やっぱりちやほやされるからなんですよ。出演料を訊いたら三万円ですよ。たった三万円で映像はずっと残っちゃうんですよね。しかも、そのおばちゃんは、撮影前に脂肪吸引の整形やってくる。別のおばちゃんは、タダでヘアメイクしてくれるからという理由で出演する。裸になると、みんな一斉にちやほやするんですよ。あれがたまらないらしい。普通に生きていたらそういうことは言われないから。

湯山　わっ、これはすでに女の〝業〟の話だよなあ。男や周囲の〝ちやほや〟が自分を一番元気にさせる、というのは、絶対に女性の中にある欲求ですからね。「ちやほや」が、「尊敬」という社会的なステイタスや実力に昇華すれば、あっぱれなんだろうけど、それにしたって、出所はいっしょ。

岩井　レイラさんから学んだのは、虚言と真実、人の幸せと不幸せについてですよね。彼女はゴールドマンサックスの社長にプロポーズされているとか、真顔で言うんですよ。フランスの貴族と古城に住んでたとか。でも、ウソも大きすぎるとみんな信じちゃうんですよ。たとえば私が早稲田卒ですなんて言ったら、即バレちゃうじゃないですか。業界に早稲田の人は多いから。でも、私がパリのナントカ大学出身ですと言ったらしばらくバレない。周りに行った人がいないから。これは私、学びましたよ（笑）。

湯山　よく言いますよね。大きな嘘はバレない、って。

岩井　彼女自身が信じちゃってるんですよ。ホストクラブで聞いたんだけど、ホストクラブで金遣いが荒いのは詐欺師なんだって。あるおばさんが一晩で500万くらい使ってたらしいんですけど、その女がパッタリこなくなって。そしたら捕まっていたと(笑)。その女は結婚詐欺師で、どんな女かと思ったら朝青龍そっくりだと言うんですよ。狙っているのは全部じいちゃん。

森ガールはヤリマン

湯山　しかし、これだけセックスの敷居が低くなってくると、本当にその才能を生かすために、適職として風俗を選んでバランス良くやっているタイプもいるんじゃないかな。才能をお金に換えようという動機はこの世の中、多いに奨励されているので。

岩井　レイラさんから聞いたんだけど、ある日、地味な女が店に入ってきて、瞬く間にナンバーワンになっちゃったんだと。どうしてかというと、どんな男が相手でも本気でイっちゃうんですよ。セックスが好きでたまんない。声もデカいし、客は大喜びだって。でも、ある日、イきすぎて心臓発作で倒れるんですよ。心臓にはものスゴい負担がかかるらしくて。で、救急車で運ばれて医者に、「もう風俗はやるな」と言われたらしい(笑)。こういう道でも天才というのは不幸ですよね。

湯山　わははははは。

岩井　レイラさんに聞いた伝説のソープ嬢の得意技は、「北斗の拳フェラ」（笑）。目にもとまらないフェラをするらしくて、パッと離れて「お前はもうイっている」と言うんだって（笑）。男はしばらくきょとんとして、それからいきなりドピュッ、ひでぶっ。それからマーガレットという、伝説のソープの指導役の女がいるんですよ。自分では客はとらない。その人はガリガリに痩せていて腹だけボ～ンと出てる。その人がスゴいのは、お客を寝かせて上に跨って、足を180度開脚して三回転半回るんです。その時にマーガレットのお尻とお客の体は触れ合っていない。膣圧だけで回れる。これはお客さんがものスゴい満足するらしいんだけど、その技を受け継げる女がいない（笑）。彼女たちは売女ではあるけど、ビッチではないんですよ。

湯山　職業的な熟達者ということで、『プロジェクトX』に推薦した方がいいよ。

岩井　酒井あゆみさんも元は風俗嬢で、仕事では5000人やったけど、彼氏は三人しかいなかったとおっしゃってました。これは男性経験が多いのか？　という話ですよね。

湯山　女がセックス好きだった場合、五人とやるよりも一人で五回やるほうが満足度が高い、というのが一般に信じられていますが、その辺はどう思いますか？　女にドン・ファンは無理ですかね。

岩井　ほんまに人それぞれ。だけど、やっぱり男はあれこれ試したい欲求が強いですよね。しかし、女は、「ムリな男」とはしたいと思わない。男はゲテモノとやっても自慢しますよね。やっぱコレクター癖があるから。男は資産価値のないものでも集めますからね。全国の駅弁の箸の袋とか（笑）。女でそんなの会ったことないですもん。女はまず、欲しいものしか集めない。資産価値があるか、人から褒められるもの、という。セックスでも、女は自慢できる男としかしたくないのが本音だと思いますよ。ネタでやれるのは男だけ。

湯山　定期的にセックスをし、まあ、心も通わせるという愛人を持つとしたら、何人までだったら、岩井さんは、いけますかね？

岩井　夫がいて愛人がいるとしたら、私はゼロか二人。だって、一人だとほんまに浮気みたいになっちゃうじゃないですか。罪悪感を感じます。二人だと「私は楽しいことしてるんだよ」ってなる。二人持てないんだったらゼロ。三人は多いですね。

湯山　ああ、それは感覚的によくわかるな。夫ともう一人、となると、どうしても、比較検討の二項対立に入っちゃって、結局、一方をズタズタにしちゃいそう。まあ、相手先がふたつだと、去られてもまあいいか、という軽さがあるよね。

岩井　あと、保険になる。

ところで、可愛がってる若い編集者が、彼女と別れたばっかりなんですけど、彼女が森ガールの格好したヤリマンだったんですよ。森ガール＝ヤリマンというのが私の中にできちゃった。ヤリマンですよ、森ガールは。

湯山　わははは。もう、それは定説ですよ。森に棲むウサギちゃんは必ず子だくさんですからさ。

岩井　見た目が森ガールだから、姑みたいな存在の私も安心してたんですけど、なんと、彼の母親も同居している自宅でセックスしちゃうのよ。彼氏のお母さんがいるのに家でやる訳ですよ！　AV女優でもそれは無理だろうという。しかも、アノ声がデカいとくる(笑)。去年、彼は夏休みに、故郷の祖父さん祖母さんがいる実家に帰省したと言うのですが。よせばいいのに、そこに彼女を連れて行ったそうで。そうしたら彼女、洗濯機のなかに汚れたパンツを入れてたって。しかも、祖父さん祖母さんの目の前で彼の股間を握るという。

湯山　その女の子は何者なの？

岩井　一応、普通のOLらしいですが。驚いたことに、その子は彼の息子の友だちともやってて、そっちに乗り換えられた。CDとか貸したままだったので、彼が「返して」と言ったら、彼女が「買い取れ」と。さらにその子は、ヤリマンのくせに「処女、返せ」だと！　彼が、「志麻子センセー、どうしよう」って聞くから、親しい弁護士に相談したら、いつでも弁護しますと。弁護士の名前で、内容証明を送るって言ったらさすがに彼女も引っ込んだそうですが。

湯山　森ガールの皮をかぶった、暴力団ですな。

岩井　美人ではないんですよ。でも、美人＝モテるじゃないじゃない？　この世の中。

女は性欲とどうつきあうのか

岩井　韓国と日本は逆で、韓国はデカくて派手な女が好きですよね。日本はちっちゃい女を連れて歩きたい。韓国には車も軽はない。

湯山　燃費が悪くても、排気量がでかい車が上、というセンス！　岩井さん、夜の関東軍としては、セックスのお国柄を比較すると、どの国防軍が一番なの？

岩井　一番うまいのは日本の男ですわ。韓国のセックスはガテン系セックス。韓国の女は逆に、日本の男とやると、変態にオモチャにされたと思うんだって。韓国の男はドドドドドッていうのが普通。日本の男が普通にやるやり方は変態のやること、だと。

湯山　まあ、日本の男は、アイディアとクリエイティブ感満載のAVで、バッチリ英才教育されてますからね。教育レベルが違う（笑）。でも、日本のビッチは今、草食系男子の蔓延でその才能を国外流失しなきゃいけない状況にもなっているので、外国人男性のセックスお国柄事情をいろいろと知っておかないといけない。

岩井　私は黒人とイスラム教徒はイヤですね。まあ、黒人はデケえのなんのって。

あのね、デカすぎるのは迷惑ですよ。だったら、ちいちゃい方がいいのよ。黒人って、本人もデカいだけでよしと思ってるところがある。ほんまにあれ勘弁して欲しいわ〜。イスラム教はいきなり乳液出して、お尻でやるというんですよ。私、お尻の方は処女なんで（笑）。しかも、疣痔だから絶対ダメなのよ。そしたらイスラム教徒は、前の穴は妻としかやらないんだって。妊娠・出産のためだから。前の穴ではできないと。プレイは後ろ。で、それがイスラムの教えだと言うから、こっちは神道で、その信者は後ろはダメなんだと。アナルでやったら私は二度と鳥居をくぐれないと。そしたら、しぶしぶ前で。神道はイスラムに勝ったということですね（笑）。

湯山　わはははは。ところで非常に基本的な質問なんですが、岩井さん、セックス好きですか？

岩井　好きですね。好きというのが女心。若い子が、「あの人、私の体だけが目当てなのかな」というのが羨ましい。

湯山　そうねー。思えば、今になってわかる、その言葉の何と言う贅沢さ（笑）。

岩井　ただまあ、息子のなついてる男とはできませんわ。

湯山　ご主人の浮気に関しては、どうしてるんですか？　私が知っている例としては、これは全共闘の仲良し夫婦なんですけれど、お互いにラブアフェアはOKで逆に何でも話す、という関係。現実に多いのは、嫌だけど黙認、という感じじゃないかな？　本気にならなきゃいい、という。

岩井　浮気は見なかったらなかったこと、とするのがいいですね。探った時点で夫婦は終わっちゃいますよ。夫は韓国人なんですけど、向こうで浮気してるとか想像したら、大変なことになる。だから考えないようにしてるんですよ。

湯山　セックスって、そもそも難しいですよね。肉体的な欲求とともに、精神が多いに絡むしね。そもそも、男が女に欲情してくれないと〝勃起〟しない、という、不平等感がある。男性は勃たせるために、攻撃性や支配力をセットにしがちだし。

岩井　男は勃たないかも……ということがあるかもしれないけど、女はできないということがない。逆に女は妊娠できなくなるっていうことがある。そん時、自分がどういう心境になるのかというのがわからないんですね。これで開放されて、生でやり放題、なのか……男の勃たなくなるというのと同じなのかしら。

湯山　今、私はアラフィフでして、その体感で言うと、あの40前後のあり余った性欲はなんだったのか、と言いたい。もう、現在はつるべ落としの夕陽状態。大岡越前守が女の性欲について、自分の母に尋ねたところ、彼女が態度で「女（の性欲）は灰になるまで」って言ったのが、嘘みたいなていたらくですよ！

岩井　私もいまの夫と出会った時が五年前なんだけど、昔のような情熱がないんですよね。昔のギンギンぶりは、これ、なんだったんかなと。明日早いし、とか思うようになった。女の数年って大きいのかしら。瀬戸内寂聴先生とかどうしてたのかな……。

湯山　女の人の性欲との付き合い方の問題はいろいろ難しいですよね。シングルでガンガンやろうと思うと後ろめたいし、一夫一婦でずっと行くのもつらいし、夫が抱いてくれない、セックスレスはかなり深刻な問題だし……。

岩井　最近の私の口説き文句は「結婚してなんて、言わないから大丈夫よ」という（笑）。ホッとするでしょ。

湯山　この間、20代前半のモテ男に聞いたら、彼らのお仲間の合い言葉は、「絶対に生でスルな」なんだって。いい男の青田買いは女の子の間で熾烈になっていて、できちゃった婚をねらう女が非常に多いんですと。

岩井　まあ、女は、一回は「水」と「風」を経験するといいかなと思いますよ。水は、多少顔に難ありでも、年齢を重ねてもやれるけど、風は若くないとダメ。風で通用しなければ、水で通用するとか、逆もあるかもね。私は風のつもりで東京出てきたけど、やっぱ水の女かな、とかさ。若さと美貌って毎日目減りするけど、水は、勝負所が違いますから、ずっと保てますよね。水の方が大きいものを、つかまえられる。

湯山　いや、ホント。風はたんに外見を若く保つ努力すればいいから、分かりやすいし誰でも入門しやすいけど、その後の成功率が低そう。水は、内面の魅力だし、マニュアルはないから、一見難しそうだけど、絶対に成功率は高そう。まあ、岩井さんがモテてることが、その証拠っすよ！

あとがき

今、私たちの回りには恐ろしいほどの情報が渦まいています。

テレビを切ったところで、インターネットではツイッターやフェイスブックのようなソーシャルメディアが知り合いの動向を伝えてくるし、仕事量はパソコンやメールのおかげで非常に増えています。街へ出て行くと、そこでは、カフェにランチにショッピングなど、お金あっての楽しみだけが満載。そしてその快楽は一方通行なので、受けとる側は慢性的な飢餓感に襲われてしまっている。要するに頭はいつもヒートアップしているのに、肉体は置いてけぼり。一方、肉体の方も、ランニングやジムなどで鍛えられますが、その運動はルールの了解のもとの予定調和で、他者の肉体と深く関わり合う醍醐味はありません。

そんな中で、セックスだけは、人間に残された最後の〝人間らしさの楽園〟として、私たちには感じられるところがあります。なぜならば、どんなスマートな男女もコトの現場では、情欲のエネルギーに突き動かされ、だらしのない顔を相手に見せ、あられもない痴態を晒すことになるわけで、そこにはイメージとは異なる、匂いも触感もある有無を言わせぬ現実のみがあるのですから。ちなみにその現実とは、たとえば、全く美しくなく、モテとは全く縁がないだろうと思われる女が、多くの男たちをセックスで虜にして、保険金殺人を行ったなどというニュースなどからも窺い知ることができる。まさに〝セックスの現場〟は、肉体が頭を凌駕し、予想もしなかった感情が引き起こされる、不確定要素が満載の劇場なのです。

だから、女たちがこの時代、セックスに入れあげるのは、よくわかる。そして同じ意味において、ワイルドで予測不可能な〝現実イベント〟であるセックスを、うっとおしく、面倒なモノとして遠ざける女性たちが大量発生しているのもよくわかる。どちらにせよ、なかなか一筋縄ではいきません。

この数年、女性自身の性意識開放はとうとう最終局面を迎え、自分の中の性欲を抑圧するのではなく、自覚し語ることができるようになったことも追い風となりました。「したくなっちゃった」という意志表示は、ふしだらな女のものではすでにありません。この時代、思春期でムラムラを抑えられない中学二年男子のような女性はいたるところにいます。しかし、その一方で相手の男性の方は、すでにそういう元気な時代は過去のもので、バイアグラや回春剤、もしくは川端康成や谷崎潤一郎の性妄想レベルが必要な熟年状態になっているという不均衡がまた興味深いところ。それでも女性は、性欲と理想の恋愛＝ロマンチッククラブの間で大いに悩み動揺し、セックスと男と女の有り様の古い物語に足を絡め取られていたりするのですが、それは、男性の方も同様なのです。近い将来、そういった男と女のセックスをめぐる新しい物語がきっと出来ていくのだと思いますが、今はその過渡期なのかも知れません。

本書を出すに当たって、男の立場からの視点を様々な角度で提供してくれた、編集の三田格さん、飛鳥新社の品川亮さん、エロス心溢れるステキな装丁を施していただいた川名潤さん、そして、ビッチたちのエネルギッシュで可愛らしい様子をイラストに見事に表現していただいた、ひなきみわさんに感謝の意を捧げます。

2012年3月3日　東京にて　湯山玲子

湯山玲子（ゆやま・れいこ）

ジェンダー、音楽、ファッション等、カルチャー全般を自在に横断する論客にして、締め切りと聞くとすぐに外国へ行ってしまう悪女見習い。『ゲーテ』誌で坂本龍一氏と「男女公論」を連載し、新世界では「爆音クラシック」を主催。著作に『女ひとり寿司』、『クラブカルチャー!』、『女装する女』、『四十路越え』などがある。

ひなきみわ

マンガ家。リアル・ビッチの生態をテーマに「モーニング」誌で連載を始めた素っ裸4コマ『Miifa』でデビュー。実体験フィクションという意味不明のジャンルを確立し、すぐに話題を呼ぶ。「マーガレット」誌では、女子中学生4コマ『Piyocolate』を連載している。アピーチ・ジョンとのコラボなども。

ビッチの触り方

2012年5月5日　第1刷発行

著者　湯山玲子
イラスト　ひなきみわ
構成　三田格
装丁　川名潤（pri graphics inc.）

発行者　土井尚道
発行所　株式会社飛鳥新社
〒101-0051
東京都千代田区神田神保町3-10
神田第3アメレックスビル
☎ 03-3263-7770（営業）

印刷・製本　株式会社光邦

ISBN978-4-86410-167-7